La Doctora de los Hongos

El Camino de la Sabiduría Femenina Chamánica

CAMILA MARTINEZ

Copia © 2013 por Camila Martínez

Todos los derechos reservados. Ninguna porción de este libro, excepto la revisión breve, puede ser reproducido, almacenado o copiado en cualquier forma o de cualquier manera – electrónica, mecánica, fotocopia, gravación, o de otras maneras – sin el permiso escrito del autor.

Contact: dakini@svn.net

Impreso en Los Estados Unidos de America 2a Edición 2015
Primera edición 2013

Los nombres de los individuos en este libro han sido modificados, para proteger su deseo de privacidad. Todos los fotos fueron tomado por el autor excepto la foto del mural de Tepantitla que fue tomada por Russ Beck.

ISBN-13: 978-0692704615

DEDICACIÓN

Sobre todo, dedico este libro a mi maestro de meditación, el venerable Gyatrul Rinpoche, preciado maestro y amigo quien me transmitió las bendiciones del Dzogchen en mi camino espiritual. Dedico este libro a la familia de Doña Julieta, la familia Pereda Pineda. Esta historia femenina es para mis aprendices Deva, Terra, y Devorah, mujeres excelentes. Y a Tlakaelel, ahora en el mundo de los espíritus, maestro Mexica-Tolteca y amigo, quien me ayudo a ver a través de la visión indígena antigua.

RECONOCIMIENTOS

Hace muchos años, el principio de mi camino fue presenciado por una mujer mayor y sabia, Ann Read, mi maestra de jardinería, quién me impulso a escribir mis experiencias. Poco a poco en el tiempo las historias empezaron a ser escritas. Era como si tuvieran un tiempo propio. Ella ya falleció, y le agradezco a su espíritu.

Muchísimas gracias a Jimmy Zondowicz, compañero del camino y hermano de los Nenes, por su gran apoyo, cuidado y valentía en el camino.

Muchas gracias también a la familia Ramírez García del Restaurante San José en San José del Pacífico, por su generosidad, protección, amor y confianza en mi trabajo. Gracias a Pati y Alejandro y el resto del equipo de Temazcalli, en Puerto Escondido, Oaxaca quienes con su amistad, soporte y sanación a través de los años fueron mi alegría.

Muchas gracias a mi compañero de viaje, maestro Tomas Filsinger, Nene extraordinario, quien continua inspirándome a través de su antigua visión y su arte increíble.

Agradecimientos especiales a Tom Pinkson, Janine Canan, Devorah Joy Plotkin-Walder y Leila Castle quienes me impulsaron en el final de este largo proceso. Muchas gracias Leila por tus consejos editoriales.

Una inmensa gratitud a Jessy Duterte y Michele McCoskey por su ayuda en el nacimiento de este libro, y por su bondad, Penny Van Dyk por su servicio inspirador y su presencia, Denise y Robin Lai, C. Jay Bradbury, Renie Vasquez, Linda Dale, George Cisneros,

Steven Marshank, Deidre Goldberg, Mitchell Frangadakis, Richard Schwindt, Tripura and Om Anand, M.B. Brangan, Jim Heddle, Deva Luna, y Terra Lee, muchos agradecimientos por su gran apoyo, conocimiento, servicio, amor y por estar allí. Especialmente inmensa gratitud a Kelly Bradford por su gran ayuda, dedicación, y amor para hacer éste libro en español. Todo mi amor a Patricia Heuze quien ha sido mi gran maestra, en la traducción, y editando en español, y Alejandro Villanueva, por todo su apoyo y buen humor. En el ultimo momento mil gracias a Jimena Gómez Sánchez por su gran ayuda. Sin ellos, este libro en español no fué posible.

Primero y últimamente homenaje, y mil gracias a Marion R. Weber, visionaria, por su precioso filamento luminoso de inspiración en este gran tejido cósmico por toda su bondad, amistad, apoyo y amor.

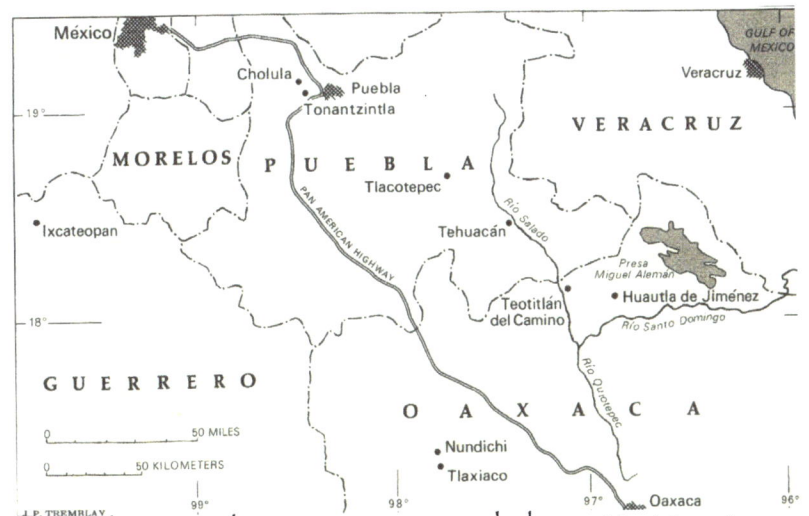

Mapa del centro de México mostrando la región Mazateca en relación con la ciudad de México, la ciudad de Oaxaca y Veracruz

Los ojos que ven todo – mural de Tehuacán, Puebla

INDICE

	PROLOGO	xiii
	INTRODUCCION	xv
1	REGALOS DE COSAS DESCONOCIDAS	1
2	DONDE EL SENDERO COMIENZA	5
3	NACIDO EN LA REGION DEL MISTERIO	11
4	LA INTERSECCION DE DOS MUNDOS	15
5	CONTANDO EL TIEMPO	21
6	LA PALABRA	25
7	AVENTURANDOSE POR EL PAN	29
8	EL MANANTIAL ENCANTADO	31
9	LAS COMADRES	37
10	LA MEDICINA DEL LICOR	41
11	LA IMPORTANCIA DEL FUEGO	45
12	NO DESPERDICIES NADA	51

13	LOS NENES	55
14	LA CASA MAGICA	61
15	EL REBOZO NEGRO	67
16	TÍO JOAQUIN Y EL NAGUAL	71
17	EL SONIDO DEL AGUA FLUYENDO	75
18	LOS FRIJOLES MAGICOS	81
19	CRUCE DE CAMINOS CON EL GUIA	91
20	CONFIANDO EN EL CAMINO	97
21	LOS ZAPATITOS BLANCOS	103
22	FUERA DE MI ZONA DE CONFORT	111
23	LA VIA DE LA MEDICINA	117
24	EL VUELO DE LAS CHAMANAS	123
25	EN LA PRESENCIA DE LO SAGRADO	127
26	EL ALIADO DEL TABACO	131
27	EL HUIPIL BORDADO	137
28	BORRACHO DE DEVOCION	141
29	EL LEGADO GRINGO	147

30	LAS CURACIONES	159
31	RECONECTANDO CON LOS ANCESTROS	163
32	EL VIAJE AL NORTE	169
33	INCIDENTE EN CHIMAYO	175
34	EL AGUANTE CUENTA	183
35	REGRESANDO A LA SIERRA	187
36	CUANDO EL TRADUCTOR SE CONVIERTE EN EL MAESTRO—CARGAR EL BULTO	193

PROLOGO

Fue un día fortuito cuando mi amigo Ralph Metzner llamo para pedirme si podíamos ayudar a patrocinar a una mujer indígena de medicina de una pequeño pueblo en Oaxaca en su primera visita a Los Estados Unidos. Su nombré era Doña Julieta y era una "curandera", una mujer que curaba con plantas sagradas y ceremonias espirituales. Yo dije que "sí", y es así como conocí a Camila Martínez quien se convirtió en una amiga para toda la vida y también una amiga en el Buen Camino Rojo trabajando para integrar la espiritualidad indígena y la sabiduría indígena hacia los retos del siglo 21. Camila ha estado estudiando con Doña Julieta por muchos años y la acompaño en su estancia "al norte" (norte de la frontera de Mexico) ayudándola a organizar sus presentaciones publicas y sirviendo como traductora. ¡Supe desde nuestra conversación telefónica que Camila era una persona de poder y una puerta que se abría para conocer no solamente una mujer de medicina si no a dos!

Una semana después conocí a Doña Julieta en persona cuando ellas llegaron al norte de California donde yo vivo. Estaba fascinado de encontrar que no solamente eran mujeres de sabiduría, poder y servicio al mundo, ellas también compartían maravilloso sentido de humor y gozo para disfrutar la vida. En las siguientes semanas fui afortunado de pasarlas con ellas mientras trabajaban con una gran variedad de gentes que aparecían y con quienes experienciaban formas chamanicas de curación de los antiguos mazatecos de México quienes las habían pasado de generación en generación.

Los lectores son afortunados pues además de leer el libro de

Camila también sabrán acerca de las formas de curación de Doña Julieta. En una historia de aventura entretenida escucharan acerca de como Camila encontró por primera vez a Doña Julieta y sus maravillosas experiencias viviendo con ella en un pueblito arriba de las montañas donde las personas todavía siguen las formas de sus ancestros viviendo en armonía con la naturaleza y el espíritu de la tierra. Camila sin tapujos en su forma de decir la verdad de lo que vio y aprendió durante su aprendizaje estando segura de traer la sabiduría de estas enseñanzas que son relevantes para nuestras vidas y retos que todos enfrentamos en el mundo actual, sin importar a donde vamos o cual sea nuestro camino espiritual. Estamos todos conectados en una red sagrada de la vida.

Hemos olvidado como vivir en armonía respetuosa y equilibrada con aquello que mantiene la vida saludable de futuras generaciones. Este libro da a luz al camino del retorno de las correctas relaciones, aprendiendo de la sabiduría de la cultura que ofrece una guia, percepción y caminos de acción para una vez mas abrir el amor en nuestros corazones para una vida mas sana en todas nuestras relaciones.

Así que siéntate en tu silla cómoda favorita y déjate caer en el mundo del misterio, el mundo de la magia y el mundo de la fantasía, que es parte de nuestra herencia humana del sur de nuestra frontera y que te hará voltear las páginas con emoción buscando que es lo que sigue. Gracias Camila por tomarte el tiempo de escribir este libro y gracias también a Doña Julieta, por su generosa ofrenda de si misma y de sus formas de conocimiento, humilde siempre pero tocando profundamente el corazón y el alma.

Dr. Tom Pinkson
Huichol mara'akame
June 17, 2013

INTRODUCCION

El año 2012, norte de California. Un cordón luminoso emana del vasto reino del hongo sagrado en la alta sierra de Oaxaca, México. Antiguos ritmos menean en la consciencia del océano recordando su esencia, la Diosa, inteligencia creativa del Universo de los Universos. Invocando su nombre y sumergiéndose en la sagrada leyenda de esta tierra, la tradición entre culturas se puentea. Creadora, todo el arte sublime de la Naturaleza me habla tu esencia. Tu me enseñas de tu cuerpo, tus sagrados hongos, nacidos de tu carne, a través de la alquimia de la tormenta y el rayo.

Anahuac, Aztlan, México, esta tierra de California es y todavía es y siempre será parte de México. Aquí se contiene un gran legado espiritual, mantenido energéticamente por Monte Tamalpias, Monte Shasta, y otros grandes picos. Aquí la tierra aun mantiene muchos misterios y secretos. Es la tierra de la magia, los milagros, y los lugares sagrados. Donde el coyote, el león montés, y el oso negro rugen, junto con los espíritus de Jaime de Angulo y Jack Kerouac. No olvidemos, que es un lugar de profundo poder, palpable en lugares como Big Sur, y la península Punta Reyes.

Nuestros vecinos cercanos del sur de la actual frontera de bardas de alambre de púas y paredes donde yace México. Tierra de gente nativa que heredó el legado de la forma sagrada de ser, gobernada por emisarios enteogénicos de otros reinos y dimensiones, un país que duerme bajo la modernización. Un gran pensamiento cósmico auto-organizado expresado en hongos, cactus, y otras plantas que crecen solamente en lugares especiales de nuestro planeta tierra, y que aquí crecen. Conocidos por los nativos y algunos fuereños, estas plantas aliadas iluminan el ser interno con conocimiento cósmico antiguo.

Esta historia es en veneración a los maestros hongos sagrados, a otras preciadas plantas maestras, y una guía extraordinaria, Doña Julieta. Es la transmisión de una forma de curación, una forma de ser, bastante desconocida para el mundo de afuera. Es una historia sagrada, amorosa cubierta con un rebozo de seda con los sueños de los ancestros, los viajeros estelares. Estamos ahora en una de las ondas, en el efecto ondulatorio del campo morfogenético. Puestos en movimiento por los ancestros respondemos como sus retoños, moviéndonos en armonía con la frecuencia energética profundamente imbuida en nuestra consciencia, como una canción "llamada y respuesta". Entre más nos expandimos en nuestra confianza con nuestras antenas estiradas y recibimos las altas frecuencias moviéndose en la ola de energía, nos integramos a un secreto abierto.

Solamente volando internamente la auto-liberación permite ver el Abismo o el Hoyo Negro, como un portal hacia la nueva región del universo. En la visión Hindu nosotros vivimos en el microcosmos de la danza de Shiva en nuestra consciencia, que mandó todo los obstáculos y sabiendo que todo es impermanente y cambiante. Cuando nos ponemos en el campo de la resonancia de lugares de poder, tales como las montañas, las pirámides, aguas, o en la selva, recibimos transmisiones de la tierra y de los espíritus que están ahí. Es la transmisión energética de nuestra consciencia que también responde. Los ancestros nos prenden para pensar como constructores de pirámides. Poniendo atención, empezamos con la ceremonia. Estamos llamados a soñar, a conjurar, a conectar y reconcentrar, estudiar y buscar consejo de los sabios que aún permanecen.

El avión es nuestra actual nave espacial. Nos lleva hacia el campo energético de estas tierras bendecidas por los ancestros. Nos ponemos en el hiperespacio del conocimiento ancestral, y pedimos dirección tal como ellos lo hicieron. Participamos en el salto cuántico evolutivo hacia el futuro antiguo.

Nuestra misión es nutrir nuestra semilla de la manera mas amorosa y florecer. Ahora hay un despertar planetario sucediendo, y esta historia es para ti querido lector buscador. Algunas semillas sólo germinan después de haber estado en un gran fuego. Es esta sagrada consciencia que nos mueve ahora con gran velocidad para proteger nuestra Madre Tierra. Deja que el amor de Ella nos despierte a la acción. Buscando adentro vemos el trabajo sagrado que hay que hacer. ¡Fuerza! Fuerza para ti bella flor cósmica.

Fiel en memoria, Oxlajuj Baktun, Oxi'Akabal
California del Norte, EUA Abril 2013

CAPITULO 1   REGALOS DE COSAS DESCONOCIDAS

Todas las historias tienen un principio, pero las historias inusuales algunos veces tienen un comienzo notable. Es una de esas cosas que en retrospectiva era el destino. El camino se abrió en una corriente profunda de sabiduría. Iniciación de un tipo inimaginable...cuando es tiempo es tiempo.

Ahí estaba, uno de los pocos estudiantes importado del barrio de East Los Angeles College a una de las escuelas de la mejor onda de la costa oeste, la Universidad de California de Santa Cruz. Era un nuevo campus y estaban buscando estudiantes de color en los rincones académicos que mostraran su visión multi-cultural.

Quien podría adivinar que mis estudios en la Universidad de California de Santa Cruz en los tempranos setentas podrían darme la oportunidad de la vida. El campus era un lugar de buena onda en esos días con renombrados profesores. La "City on the Hill" como UCSC es llamada, era un mundo totalmente extraño y desconocido. El norte de California estaba dando a luz una nueva realidad para mi. Estuve impelido hacia una intensa escena academica. Mi interés mayor se volcó hacia la antropología.

La escuela fue un imán, para la vanguardia intelectual ecléctica, internacional, y multicultural. Yo estaba en casa. Sobre todo porque había mucho bosque de madera roja en la tierra del campus. Me sentía a mis anchas rodeada de naturaleza salvaje.

Estaba ahí con una beca, estudiando antropología y conociendo poco a poco estudiantes de otras etnias. Había solamente un puñado de nosotros que había logrado llegar hasta ahí. UCSC era una oportunidad educacional permitido para un pequeño numero de estudiantes de color. Pero para mí, era otro tipo de educación.

Durante mi tiempo en la universidad, me topé con Ginsberg, Huxley, Schultes, Hoffman, Owsley, Leary, Alpert, y una lista interminable de aquellos que nos decían, "sintonícense, préndanse, y abandónense". Estaba en el lugar perfecto. Al norte de Santa Cruz una hora y media es San Francisco donde toda la escena psicodélica sucedía. Muchos estudiantes de la escuela iban para un acción contra-cultura especialmente en los conciertos del Grateful Dead.

Corría gran cantidad de acido en UCSC y una gran gama de posibilidades para experimentar, incluyendo orgánicos. Eramos una gran universidad de experimentadores. Uno podía ver a la UCSC en esos días mas como un gran laboratorio.

Era inevitable que mi camino se cruzara con LSD. Estaba sentada en el bosque de maderas rojas y se me mostró el mundo secreto de las plantas y los insectos. Mis intereses se fueron hacia el mundo de las plantas y la conexión con nuestra humanidad nativa con las plantas sanadoras y sus maneras. Cambie mi enfoque y fue guiada a ir mas profundo en el nivel de la medicina de las plantas espirituales. Una vez decidido esas plantas tomaron posesión de mi.

Guiada por la oportunidad de experimentar los "hongos mágicos" recibí mi primer abrazo de esos seres. Fue así una serie de eventos que cambiaron mi vida comenzaron a desplegarse, y mi camino se volvió claro.

Había un grupo de estudiantes Latinos y Nativo Americanos que se reunían para organizar algunas actividades culturales. Yo me convertí en parte de ese grupo. Y fue por esa conexión con el teléfono de bejuco nativo que conocimos la palabra de algunos indígenas mayores que venían de México, viajando con sus estudiantes, a las escuelas y reservaciones de Estados Unidos.

Decidimos hospedarlos de la mejor manera que podíamos y hacer comida para ellos. Nosotros también éramos pobres en ese tiempo. Podíamos ofrecerles arroz y frijoles y un espacio en el piso para dormir.

Una cosa que no puedes quitarle a esa gente es la magia. Y los Nativos Americanos la tenían. Ninguno de nosotros en nuestro pequeño grupo universitario tenia idea de lo que íbamos a recibir. Un grupo de cerca de doce personas viajando en un viejo autobús escolar Blue Bird, llego al campus. Salieron tres adultos, y el resto nueve hombres jóvenes entre diez y catorce años. Es importante notar que en ese tiempo muy pocos ponían atención a los ancianos Nativos Americanos. Era el tiempo en que la gente de medicina comenzó a salir a viajar para llevar sus enseñanzas a las comunidades de blancos.

Una pareja, que estaban atendiendo a los estudiantes viajeros, eran obviamente sus maestros. Y otro hombre supuestamente de la tribu del noroeste, quien por un tiempo llevo a esta gente alrededor de este país a diferentes comunidades nativas. Mas tarde resultó que este hombre era un operativo de la CIA, espiando a las comunidades nativas. Aun en ese tiempo, todo era observado por el gobierno.

Entrando a la realidad indígena significo abrir mis ojos de una manera que no se habían abierto nunca antes. La realidad de mi clase media estaba desquebrajada por las historias de sufrimiento de esta gente Nativa Americana. La mejor parte de mi educación universitaria fue mi primer encuentro con un auténtico maestro indígena quien me dio las primeras enseñanzas sobre la Mexicanidad.

Ahí tuve una introducción de un concepto desconocido en la academia enciclopédica europea, de lo que es la Mexicanidad. Significando que tu eres el cosmos, la Mexicanidad es un sistema filosófico que incluye conocimientos transmitidos a través del contacto de seres con una inteligencia cósmica superior, seres de las estrellas. Estas ideas no eran parte de la antropología que yo estaba estudiando. Sin embargo el conocimiento de este continente y la sabiduría indígena era algo de la cual tenía sed. Muchos años después esto me llevo a conocer a mi maestra, Doña Julieta.

Mi encuentro con el maestro Tlakaelel, y su esposa, Yetlanezi, guardianes de la tradición Mexica, cambio mi vida. Ellos eran maestros de la canción, la danza, y la cosmología nahuatl. Estábamos caminando hacia la granja de la UCSC, y me invitaron a visitar su escuela tradicional el Calpulli Coacalco, en el estado de México.

Yo supe que esta era la llamada del espíritu para ir al sur a la tierra de mis ancestros y al encuentro de mi camino de vida. No había manera de saber que mi conexión con México, ambos el antiguo y el moderno, profundizarían a través de los años, y a través de muchos viajes de aprendizaje y practica de la medicina tradicional nativa.

CAPITIULO 2 DONDE EL CAMINO COMIENZA

Una vez que me gradué de UCSC decidí viajar a México con dos amigos de la escuela. Hicimos el viaje en una vieja camioneta VW. Era un gran forma de conocer el país. Viajamos todo el verano, bajando hasta la costa este hacia la ciudad de México y hacia abajo a Oaxaca, Chiapas, y la península Yucatán, yendo arriba hacia el norte a la costa oeste por todo el Pacífico.

La ciudad de México, es una de las metrópolis mas grande de la tierra. Y continúa siendo el legado de la capital indígena mas grande de Norte America, Tenochtitlan. Era el centro ceremonial más grande, en un lago, un centro de encuentro de cruce del antiguo imperio Mexica. Llamados aztecas por los invasores españoles, los Mexicas hasta ahora son una gran población dentro de México y un continuum cultural de muchas practicas espirituales antiguas. Cuando Cortés y su ejercito vieron Tenochtitlan desde la altura de las montañas que tenían que cruzar hacia el gran valle de México, se asombraron de su grandeza. Dijeron que estaban teniendo una visión, tan magníficos edificios, caminos, pirámides, y sitios ceremoniales.

Tenochtitlan fue construido en un pedazo de tierra en el Lago de Texcoco alrededor de 1325 D.C.. Es importante notar que existe la evidencia que el valle de México fue habitado en tiempos antiguos, por una cultura letrada. En el lago había abundantes aves salvajes y pescados, y super alimentos como las algas que eran cosechadas y comidas. Comida fresca era traída de los jardines flotantes de Xochimilco. Había muchas canciones y poesía expresada en nahuatl, el lenguaje hablada a través de todo el valle. Los Mexicas tenían danzas profundamente simbólicas que eran realizadas por cientos y miles de danzantes ataviados con hermosos colores, en espacios designados arquitectónicamente, con acústica especial. México fue y es un lugar de profundas visiones, tremenda energía y una magia viva.

La ciudad de México, localizada en la parte central del país, es un gran centro de actividad. Lo que pasa ahí afecta toda la republica. Es la capital. Este lugar debido a que es un lugar de gran encuentro, es una de los grandes cruces de las Américas. Siempre este es el lugar donde el camino comienza. Es fácil de volar hacia a ella y dejarla en corto plazo, es otro campo de energía, muy diferente de lo que uno puede pensar. Antiguos y maravillosos interminables y fascinantes lugares para encontrar. En la ciudad de México siempre tienes algo mágico con lo que puedes toparte.

Entre más tiempo pase ahí más cosas se me revelaron acerca de las facetas múltiples de la ciudad. Nunca falla que el corazón de la gran ciudad me jala. El zócalo - cuadro central – es una verdadera fuente de energía. Conteniendo los restos del gran centro ceremonial de Tenochtitlan, estos templos permanecieron como el centro silencioso de la ciudad. Rodeándola hay numerosos edificios construidos en los siglos XVI y XVII.

Obviamente en su mensaje de subyugación, la catedral metropolitana fue construida justo encima del templo de Quetzalcoatl, la energía que representa la máxima consciencia. El nombre Quetzalcoatl significa la serpiente emplumada. Aquí hay dos grandes plazas adjuntas donde muchos miles de nativos bailaban y celebraban. Aún el tamborileo y la danza continua diariamente. La cultura indígena esta viva. La búsqueda de la alta consciencia es una parte integral de la realidad indígena. Los españoles fueron los bárbaros. La ruina y destrozos que ellos trajeron desde el comienzo persiste aún hoy en día. El carácter que mostraron fue exhibido a través de la tortura y captura del último emperador Cuauhtemoc, quemando sus pies en el fuego frente a sus parientes. Después fue asesinado por órdenes de Cortés.

Cortés fue recibido cordialmente en las playas de Veracruz. El emperador Moctezuma había recibido siete señales profundas acerca de la llegada de extranjeros, incluyendo augurios de la naturaleza, y la resurrección de su hermana muerta. El pensó que era el retorno del Señor Quetzalcoatl, una emanación divina, cumpliendo una antigua profecía. Lo mas esperado para que se cumpliera de esta profecía, decía que el Señor Quetzalcoatl, un ser iluminado había caminado alguna vez en las Américas y que retornaría, trayendo su gran luz. Y no paso mucho tiempo de la llegada de Cortés para que la gente indígena se diera cuenta que Cortés no era divino. Las dificultades de estas gentes nativas y la subsecuente robo, violación, esclavización, y pillaje, nunca pudo destruir su increíble resilencia espiritual. Desde los tiempos antiguos la gente nativa dependió de sus visionarios, de sus hombres y mujeres sabias. Tenían sociedades a la conciencia cósmica. Mientras que Europa estaba en la edad oscura, estos descendientes de los constructores de pirámides viajaban interdimensionalmente.

El uso de las plantas de poder era utilizado desde hacía miles de años. Las evidencias arqueológicas encontradas de los hongos esculpidos en piedra son antiguos, algunos datan de 1,000 A.C.. Con el extensivo conocimiento de las artes, arquitectura, matemáticas, conocimientos calendáricos, y astronomía. Las civilizaciones de México son nada menos que fuera de serie.

Ahora en muchos partes de Los Estados Unidos, los mexicanos que desde tiempo se han establecido aquí, así como aquellos recientemente llegados, son considerados como ciudadanos de segunda clase. Llevan acabo los trabajos mas bajos, esta gente es la columna vertebral de la fuerza laboral. Mucha gente vive del arduo trabajo manual que ellos realizan. La gran agroindustria, los negocios orientados al servicio son cargados sobre sus espaldas. Los mexicanos contienen las raíces genéticas de grandes civilizaciones, que los fortalecerán a través del tiempo. Esta grandeza, éste espíritu que ahora esta despertando en las masas de gente de color, es el despertar de la Mexicanidad. Oaxaca es el lugar con el que mas resueno energéticamente. Fue amor a primera vista. Y fue aquí donde mi destino se sello. Fui bien recibida por los ancestros de ahí en los contornos verdes de la Sierra Mazateca, conocí a mi maestra, Doña Julieta, la doctora de los hongos.

La ciudad colonial de Oaxaca, la capital del estado tiene edificios del siglo XVI y XVII, una aura de paz, y un gran zócalo - plaza central - que fue un gran cruce y lugar de encuentro de muchos chamanes y curanderos. Este era un lugar de magia. Largas bancas de madera bajo la sombra de los árboles convertían la plaza en un lugar ideal de encuentro.

Oaxaca era un lugar con mucha gente indígena con costumbres y culturas antiguas, tales como los Mixtecos y los Zapotecos. Las diferentes tribus eran diestros en la elaboración de muchos tipos exquisitos de artesanías, tales como tejido, alfarería, y joyería en oro. El Mercado Benito Juárez esta lleno de colorido arte hecho a mano, así como una deliciosa comida regional. La vida es muy viva en las calles de los alrededores con muchos vendedores ambulantes en sus pequeños puestos en el exterior del mercado. Aromas de barbacoa llenan el aire, junto con sonidos flotantes de la música de la marimba. ¿Como no puede uno encantarse con todo esto?

Oaxaca es un gran estado con muchos tipos de climas, incluyendo desiertos, montañas, valles fértiles, y la hermosa costa del Pacífico. La gente es cortés, modesta, y amistosa. Oaxaca es el lugar sagrado en el cuerpo de la Madre Tierra. Es en Oaxaca donde el conocimiento cósmico de los antiguos esta vivo y se practica, un relicario vivo de una continua transmisión. Oaxaca es parte de mí y honro esta tierra santa.

CAPITULO 3 NACIDO EN LA REGION DEL MISTERIO

La palabra chamán, o feminizando la palabra, chamana, es un término antropológico usado por muchos en estos tiempos. Doña Julieta era una verdaderamente mujer de sabiduría. Una curandera, una mediadora entre los mundos, una viajera interdimensional, una verdadera ciudadana cósmica, una madre amorosa, una conocedora de los secretos, una doctora, una abogada, una extraordinaria cocinera, una artista, una herbolista. Era conocida como una sabia, shuta tshinea. Ella conocía a mucha gente y vivía una vida humilde, en un pueblo remoto en la montaña, en la Sierra Mazateca, cerca de Huautla de Jiménez, Oaxaca, México.

Nacio en Huautla de Jiménez de una madre que era reconocida por sus poderes sanadores y curaba a través de los hongos sagrados, ella la idolatraba. El nombre de su madre era Regina, y venía de una linaje femenino de curanderas. Doña Regina era una mujer muy independiente. Tenia una fonda, un pequeño puesto de comida, en una calle de terracería en Huautla de Jiménez. Fue con su cocina que mantuvo a sus hijos. Ella les daba de comer a los marchantes, a las gentes locales, y los arrieros que traían víveres desde la remota Puebla. Había poco tiempo para cuidar a sus hijos pequeños, así que los chicos andaban libres.

Doña Julieta era una niña tímida y pasaba mucho tiempo en un rincón segura fuera del alcance de los clientes. A temprana edad ella sufrió tiempos duros. A mitad de 1930 su madre tuvo muchas dificultades para crear a sus hijos en esta remota región.

   La gente venía desde lejos a curaciones con Doña Regina. Ella era una reconocida curandera en la región. Era en este ambiente que Doña Julieta se crió, viendo a su madre cocinar y realizar curaciones. Era una vida plena y demandante. La realidad era ruda.

   Doña Julieta era la oveja negra de la familia. Era la mas joven y la mas vulnerable. Muchas veces me dijo que ella era una huérfana. En su mente, realmente significando sin padre ni madre, sin verdadera protección. Cuando ella era joven su vida era tremendamente insegura. Ellos eran muy pobres.

   Su primer recuerdo de recolección de los hongos sagrados fue cuando era una niña pequeña, y un día temprano, alguien deposito en una caja unos hongos para su mamá. Julieta tenia mucha hambre, y como su mamá estaba ocupada sin ser notada Julieta tomo los hongos y empezó a comérselos. Después de un rato su madre la descubrió y le pregunto cuantos se había comido. Ella no sabia. Doña Julieta dijo que solo recordaba que los hongos la hicieron bailar y bailar.

   En lo alto de la remota montaña se encuentra el pueblo de Huautla de Jiménez, Oaxaca, donde la sobrevivencia es muy precaria para muchos. Y hacia la mitad de los '70's en muchas areas de esta región, debido a su gran pobreza, la mayoría de la gente vivía con las condiciones básicas, y con muy poco acceso a los bienes materiales del mundo externo.

   Una cosa que es importante entender es que la Sierra Mazateca es una vasta región. Hay gente que vive en la Sierra Mazateca pero no se entienden entre ellos, porque hablan distintos dialectos de la lengua Mazateca. Estos dialectos en algunos áreas cambian de pueblo a pueblo.

Este era un lugar remoto muy difícil de llegar. Una area en la que Cortés y sus invasores nunca entraron. La Sierra Mazateca era una barrera geográfica natural. La cultura era antigua y la realización de sus sabios estaba mas allá del concepto que tenían los invasores españoles (y más tarde los visitantes europeos).

La cultura antigua de los mazatecos se remonta hasta la prehistoria. El nombre mazateco, viene de mazatl, una palabra nahuatl. Mazateco significa la gente del venado. Los mazatecos eran parte de los nonoalca, una confederación tribal que se alió al florecimiento espiritual de la civilización de los toltecas del norte. La brillantes de la influencia combinada alcanzó lejos hacia el sur de la tierra de los mayas lo cual se nota en los estilos de la arquitectura y la cerámica en algunos de los sitios precolombinos.

CAPITULO 4   LA INTERSECCION DE DOS MUNDOS

Totalmente inesperado fue el encuentro con Doña Julieta. Llegando a la ciudad de México un miembro de la familia de mi compañero de viaje me pregunto si queria ir a la región sagrada de los hongos. Estuvimos de acuerdo, y salimos esa noche, viajando en un viejo bochito. El camino nos llevo hacia Tehuacan, Puebla y después a un gran pueblo Teotitlan del Camino, Oaxaca, al pie de las montañas.

Manejamos a través de calles abandonadas iluminadas por unos cuantos postes de luz con escasos focos creando un extraño brillo en la oscuridad. Estábamos viajando cuatro, y era verano el tiempo de estación de lluvias. Conducimos hasta las remotas montañas, y no lejos del pueblo de donde iniciamos, había un bloqueo en el camino. Soldados, soldados con rifles. Nuestro conductor, afortunadamente, era un tipo prendido.

Era después de la media noche y no había vehiculos en el camino. Sin que yo lo supiera la región había sido cerrado por el gobierno federal. Solamente nativos locales podían pasar. Nos acercamos a la barricada, y nuestro chofer nos dijo que permaneciéramos callados y que dejáramos que el hablara.

El era muy capaz para tratar con los soldados. Poco amistosos y rudos los soldados rápidamente cambiaron su manera de ser, cuando nuestro chofer saco cigarrillos y una copia de Playboy. Felices, nos dejaron pasar. Despidiéndose mientras pasábamos. Estaban muy complacidos con esta ganancia en este puesto tan remoto. Los favores eran pocos en esos lugares.

Estaba mojado, y el camino, mejor llamada vereda, serpenteaba a través de las montañas. Conducimos durante horas, con cascadas a lo largo del camino chorreando sobre la tierra, creando mucho lodo. El camino era de un solo carril la mayor parte del tiempo, con un barranco del lado del conductor. Los grandes camiones de carga que llevaban productos regionales y víveres, creaban profundas rodadas en el camino.

Yo estaba asombrada como este intrépido bochito podía viajar también sobre estos malos caminos. El carro tenía que luchar con las profundas rodadas lleno de lodo, hechos por las llantas de los grandes camiones. Algunas veces cuando el carro tenía que entrar en las rodadas era arriesgado viajar.

Nos quedamos atorados en una lluvia ligera. Totalmente obscuro alrededor de nosotros, las tenues luces del carro en la vastedad. Afortunadamente nuestro chofer iba preparado y saco una pala. Los chicos cavaron para sacar las llantas y hecharon piedras abajo y nos empujaron hacia afuera. Continuando brincábamos durante horas.

Durante el viaje estaba presente casi constantemente el sonido de los chorros de las cascadas. Viajamos lentamente y por momentos las nubes cubrieron el camino y provocando casi una completa blancura. Viajamos con las ventanas abiertas para oir si venía algún carro. Lo que estaba en nuestras mentes era QUE PASARIA SI VINIERA UN CAMIÓN tendríamos un choque de frente. Sin espacio para rebasar, y una baja visibilidad estábamos todos en el borde. Después de un rato, las nubes empezaron a levantarse.

Ahora podíamos ver un pequeño camino en frente de nosotros y la lluvia había parado. Y entonces de la neblina surgió un gran camión de carga. Nos vio y freno. Milagrosamente estábamos en una parte del camino que era suficientemente amplia para que pasaran dos vehículos.

Muy pocos vehículos llegaban en estas montañas salvo esos camiones de carga. Era remoto y solitario. Un mal lugar para una descompostura o tener problemas. Antes a los camiones de los arrieros les tomaba cuatro días de viajar de Teotitlan hacia arriba, trayendo mercancías a la región. La gente viajaba por estos caminos a pie. La subida se niveló y pasamos a través de un pueblo dormido con unas pocas luces en la calle. De ahí el camino empezó a descender. Serpenteando hacia abajo y hacia abajo. Al amanecer llegamos al río donde paramos y nos bajamos.

El sonido del agua corriente, el olor de fresco y denso follaje, una multitud de helechos goteando y el dulce canto de un pájaro que nunca había oído me hizo sentir que había entrado en un lugar encantado. Todo estaba vivo. Todos sentimos esta preciosa energía. Todos nos vimos y sonreímos sabiendo que habíamos pasado lo peor.

Regresamos al carro y continuamos a la orilla del río cuando la carretera abruptamente empezó a subir. Había un gran deslave, por un manantial que corría por la montaña en una curva ancha en la subida. El bochito se fue hacia la orilla y pasamos. Ninguna gran roca cayo afortunadamente. El camino estaba mal por la lluvia y tenía muchos hoyos. Patinamos y resbalamos subiendo poco a poco y tratando de mantener el impulso hacia arriba.

Saliendo de una curva en la luz del amanecer, vi por primera vez a un mazateco. En su traje regional, con su camisa blanca de manta y su pantalón blanco flojo que caía a media pierna, y un sombrero de paja color crema que le daba una pequeña protección contra el frío.

Lo que más impresionaba es que era un enano. Caminando descalzo estaba acompañado de una mujer de su mismo tamaño. Estaban tan asombrados de vernos como nosotros de verlos.

Continuamos y aún no había nadie en el camino. Entramos el pueblo y estacionamos. Caminamos por un pequeño camino y bajamos por un camino lodoso hacia una puerta de madera y tocamos. Esa mañana era una manana fría; la humedad de la tierra por la lluvia de la noche anterior penetraba nuestra ropa. El sonido de las pisadas acercándose de adentro y la puerta abriéndose, mostraba a una cara sonriente de una mujer indígena. Unas cuantas palabras de saludo y reconocimiento a nuestro chofer abrieron la puerta al patio. Tras de cerrar la puerta, entramos a otro mundo. Caminamos silenciosamente en fila india a través del patio de color tierra obscuro, hacia un cuarto pequeño que era un lugar para comer. Invitados a sentarnos después de una travesía de diez horas, esperamos a que Doña Julieta apareciera.

Era temprano para que los visitantes llegaran ahí. Sin embargo pronto ella cruzó el patio y nos saludo. Contenta y sonriendo, nos recibió amorosamente en su casa. Ella era una visión. Pequeña con pelo negro largo y con ojos chispeantes, ella estudio a cada uno de nosotros. Quizá parecíamos un poco como refugiados en nuestra ropa salpicada tiesa y lodosa.

El cuarto estaba completamente amueblado con duras sillas de madera, y una pequeña mesa de madera donde pueden sentarse seis personas amontonadas. En una esquina, una mesa para los trastes de la cocina, y junto a esto una gran olla de barro negro con agua para beber.

Muy pronto, Chavela, quien nos recibió en la puerta trajo tazas humeante de café negro caliente. Cultivado por la familia y mezclado con panela y canela, era delicioso. La conversación fluyo acerca de nuestra aventura la noche anterior para llegar ahí.

Sin preguntar, en un breve momento, platos con frijoles negros y huevos con grandes tortillas de maíz aparecieron frente de nosotros. Era la primera de muchas comidas que tendría en la mesa con Doña Julieta. Ella nos animó a comer y nos atendió, yendo y viniendo a la cocina exterior del otro lado del patio para traer la comida. Mientras comíamos, Venancio, el hombre de la casa, vino a ver quien había llegado.

Una vez más un encuentro alegre, y una calurosa bienvenida. En poco tiempo y en seguida, los niños de la casa vinieron sonriendo. Eran siete niños muy vivos. Los conocimos y no perdimos tiempos en hacernos amigos.

Hicimos espacio para que comieran los niños antes de irse a la escuela. La casa estaba en constante movimiento. Aun estaba nublado, no permitiéndonos ver que había mas allá. Después de que los niños fueron atendidos y salieron para la escuela, tuvimos más tiempo de contar historias. Era los primeros americanos fuereños que habían conocido, y mi primer encuentro con una auténtica mujer de medicina.

Esta era mi primera experiencia sobre la hospitalidad nativa. No obstante que todo eran muy humilde, nos hicieron sentir como en casa. A su manera, y sonriendo pregunto, "¿Cuanto tiempo pueden quedarse con nosotros?" Reflexionando en la cultura de donde yo vengo, la pregunta normalmente sería "¿Cuando se van?"

No teníamos en mente un tiempo fijo para quedarnos, y habiendo dicho esto, todo estaba bien. El espacio que nos dieron era en el segundo piso en un cuarto usado para guardar costales de café y otros implementos. Acampamos en el piso en nuestras bolsas para dormir.

El tiempo que pasamos ahí fue sobre todo en el recinto familiar. Hicimos algunas caminatas alrededor del pueblo pero nos mantuvimos pasando desapercibidos. Pase mucho tiempo con Doña Julieta cerca del fuego donde se cocinaba. La mayor parte de su día la pasaba cocinando para la familia. La joya escondida era Chavela quien ayudaba en muchos de los quehaceres de la casa.

El siguiente día, aclaró. Temprano en la mañana el canto de los gallos cantando a la distancia quebró el silencio. Llegando fui a la terraza y ví la exquisita y extendida vegetación esmeralda que se expandía en todas direcciones, con la montaña cerca tras de nosotros. El pequeño pueblo estaba cercano. Temprano el aroma de las fogatas penetraba el aire y me causaba hambre.

Los días pasaban y el tiempo parecía suspendido. Las historias eran contadas, las ropas lavadas y secadas, y las lluvias regresaban. Era la estación de lluvia que en el sur de México generalmente sucede entre mayo y septiembre. Las lluvias a veces eran torrenciales. El patio se volvía lodoso y se ponían tablones de madera para poder caminar y evitar los charcos.

Había un gran secreto sucediendo en la región especialmente en el verano. Las lluvias hacían brotar a los sagrados hongos. Era un tiempo de ceremonias de sanación usando esta preciada medicina. En esta casa amorosa, experimente bajo la guía de Doña Julieta la iniciación y aprendizaje de las formas de curación de los hongos sagrados.

CAPITULO 5   LA CUENTA DEL TIEMPO

La Sierra Mazateca era la tierra de no tiempo. Anidada en el regazo de la exuberante Madre Naturaleza con su falda esmeralda, la vida era gobernada por las fuerzas de la naturaleza. El mundo de la luz del día así como del mundo de la obscuridad. Había un ritmo gobernado de la tierra en el cual los pueblerinos vivían. Este ritmo cósmico determinaba la vida diaria y ceremonial de los mazatecos.

El ritmo diario era marcado por la luz, empezando con el amanecer. Al medio día Doña Julieta decía, "El gran Señor esta en su trono". Esta era un importante marcador del tiempo en el día. Ciertos rituales y ceremonias tenían que hacerse cuando el sol estaba en su máxima fuerza.

Antes del medio día la casa de Doña Julieta estaba muy ajetreada para prepararse para realizar las curaciones. Toda las hierbas y elementos tenían que ser juntados y preparados, listos para el momento correcto. El patio exterior de tierra estaba construido de tal manera que nadie fuera del grupo familiar podía ver hacia adentro. Estaba hecho perfectamente para el trabajo de curación, especialmente para quemar grandes cantidades de copal al aire libre.

Al atardecer, los pobladores se metían en sus casas. Venía la noche y algunas veces grandes fluctuaciones de energía fluían a través de la casa. Al principio en casa de Doña Julieta había poca electricidad que llegaba a los pueblos lejanos. Entonces nos sentábamos bajo apenas la luz de un sólo foco, en un cuarto con paredes hechas de piedra, abierto a los elementos a un lado, sin puerta o ventana en sus espacios. Cuando no había electricidad en el cuarto era mágico iluminada por la luz de una vela. El tiempo pasaba contando historias. Algunas veces cantábamos y bailábamos. Los niños estaban atentos y su ingenuidad se unía al entretenimiento familiar. Doña Julieta cantaba hermosamente en mazateco. Había mucha alegría y amor en la casa.

El tiempo nocturno tomaba otra aura cuando se hacía el trabajo de la medicina ceremonial con los hongos sagrados. Toda la familia de alguna manera era parte de la curación. Como parte de la casa atestiguaban la situación de los pacientes. Muchos de los cuales venían desde muy lejos, desesperados por una curación física y espiritual.

Estas ceremonias de curaciones tradicionales son llamadas veladas y es sumamente raro que se encuentren fuereños. Estar toda la noche en estas ceremonias requiere de tremenda energía. Acompañar a Doña Julieta era como estar con una fuerza de la naturaleza.

En la noche el frente de la calle estaba vacía, así como el resto de las pocas calles del pueblo. En esas partes los nativos creen que los espíritus caminan en la noche. La gente no sale a menos que sea necesario. La noche es el tiempo en el que se practica la brujería. Como gallinas en sus gallineros, la puerta del patio se cerraba al mundo de afuera conforme caía la noche, asegurada por una tranca. Las cerraduras no se usaban.

El tiempo era medida por el no tiempo. Mas bien eran ciclos naturales que marcaban el tiempo. Los mazatecos seguían el calendario de la naturaleza. El calendario mazateco consta de 19 secciones. Los mayores leen los signos en la naturaleza los cuales les dicen como proceder con las ceremonias que son un continuum a través de ciclo agrícola anual. Se leían las estrellas y la combinación de observación de miles de años les daban los indicadores para comenzar el sagrado ciclo agrícola del maíz. Todo se llevaba acabo alrededor de la siembra y cosecha del maíz, café y miel.

Estas eran las siembras principales de los mazatecas. Había tiempos de bonanza y había tiempos de hambre para los nativos mas pobres. Todo se desarrollaba en torno a la tierra, si la tenía, y si no la tenía, y cuanta mano de obra local podía contratar para la cosecha.

CAPITULO 6   LA PALABRA

La palabra tiene un significado para la gente que tiene una cultura basada en la tradición oral. Antes de que se desarrollara la sofisticación de la escritura, lo que solo había era la palabra. Aun antes que se desarrollará la escritura esta no estaba al alcance de las masas, por lo tanto lo que contaba era solo la palabra.

Una persona era medida por su palabra. Lo que decía, y hacer lo que decía era lo que contaba. Mantener tu palabra era de gran importancia. La palabra era lo que mantenía unida a la sociedad. Cuando la comunicación era de boca en boca, cuando toda la historia cultural se manejaba oralmente, se daba un gran valor a la palabra.

El comercio se llevaba acabo por la palabra. Cuando un primer precio se daba al burro y se hacía el regateo, esto se establecía por la palabra. Muchas veces la palabra iba acompañada por el contacto, un ligero apreton de manos. Más como un contacto de palmas que un fuerte apretón de manos.

La palabra daba sentido al poder de la verdad. Las culturas florecían a través de la palabra. En las culturas indígenas precolombinas había grandes poetas como Nezahualcoyotl, rey de Texcoco, y también espléndidas oradores. La oratoria o los discursos eran un arte, y eran muy apreciados. Estas cosas existen hoy en día y son practicadas en algunas escuelas.

Muchos de las grandes ciudades precolombinas fueron diseñadas arquitectónicamente para que cuando el rey o alguna autoridad hablara en publico, estuviera parada en un lugar especial donde la acústica permitía a las masas oír. Ahora en lugares como Teotihuacan, puedes experimentar esto. Solamente aplaudiendo en el lugar correcto resuena muy lejos.

Cuando se necesitaba hablar con la verdad se hacía un juramento. ¿En estos tiempos cuando se hacía un juramento? La palabra era importante para expresar lealtad con la familia y la cultura. Uno valía por su palabra. La mayoría de la gente del pueblo era honesta y humilde. Era inusual encontrarse alguien que mintiera. Y cuando te encontrabas con un mentiroso se notaba y se veía como una ofensa.

Habiendo pasado por una educación occidental y luego llegando al pueblo, era penoso darse cuenta que tanto se había perdido el hablar con la verdad en la tierra de mi nacimiento. Y por lo tanto la lección de dar y mantener la palabra era de máxima importancia. Dar tu palabra, ver alguien a los ojos, cara a cara era lo que mantenía junta a las personas.

Después de muchos años algunas personas del mundo de afuera poco a poco se filtraron a la casa de Doña Julieta para curarse. Tuve muchas experiencias con estas personas que eran sobre todo de la ciudad de México. Ella los llamaba "acelerados". Usualmente estaban con los nervios de punta debido a sus estilos de vida e imploraban ayuda. Algunos eran adictos a las drogas y habían caído en la cocaína y en "la vida loca" en la ciudad.

Cuando llegaba su tiempo para realizar la ceremonia con los hongos sagrados muchos de ellos tenían miedo. Doña Julieta siempre era muy amable y los tranquilizaba. Estas gentes sacaban de sus sistemas sus nudos energéticos como una pelea espiritual. Después de intensas horas en su viaje personal de transformación, cada uno salía curado.

Algunas veces gentes del mundo de afuera se presentaban los fines de semana. Uno nunca sabía cuanta gente enferma iba a llegar. Y como no había alojamiento en el pueblo, todos se quedaban en la casa.

Para los muy ricos que de alguna manera encontraron la forma para llegar a este lugar, esto era otro mundo. Y en la casa de Doña Julieta no podían darse comodidades; sillas rígidas de madera dura, dormir en el piso, y sin calefacción. Era realmente duro en la temporada frío y lluvioso de verano.

Algo muy disfrutable era sentarse en la cocina que solamente tenía tres paredes completas, bañada en los elementos y contando historias alrededor de la mesa durante la noche. Doña Julieta y su esposo eran muy hospitalarios con todos. Siempre había delicioso café negro, grandes tortillas hechas a mano y frijoles negros. Lo mas importante era hablar honestamente con la verdad. Ahora hay una gran alteración de esta forma básica de establecer confianza entre la gente. Con la entrada de aparatos electrónicos aun la palabra no solamente se vuelve sin valor pero aún nuestro lenguaje es alterado. Lo lleva a uno a pensar sobre una pregunta básica. ¿Es esto la apertura de una nueva apertura de comunicación a traves de estas formas o nos esta llevando a una ruptura de la verdadera comunicación? Cuando la tecnología se ha convertido en la corriente dominante hace que la gente ya no se hable de persona a persona, cara a cara, y ocurre una ruptura. Este tipo de separación esta sucediendo ahora.

En la cultura Mexica, se decía que los ancestros dejaban flores y cantos. ¡Que hermosa inspiración venía del discurso florida y la melodiosa voz! Solo el tono te sana.

La situación presente con el lenguaje hablado en el mundo

occidental es que ahora en lugar de promover cualquier tipo de discurso bello, la palabra ha sido torcida con obscenidades en la comunicación, algunas veces en letanía, como una fuerte y enorme perturbación que molesta al espíritu. La aceptación como norma generacional es el símbolo de una total desconexión.

Que belleza que permanece en las culturas indígenas donde la gente saluda a los extraños con "buenas días, buenas tardes, buenas noches". Un lugar donde existen términos de respeto y cariño en la forma de hablarse en las relaciones cotidianas. Los niños son llamados amorosamente papacito y mamacita o madrecita a las niñas. Un lugar donde los extraños cuando pasan en frente de ti decían buen provecho cuando estas comiendo o cuando te sirven. Hay reciprocidad en esta palabra intercambio te hace ser un ser humano. Tener palabras para las personas y encontrarse con sus ojos crea contacto. En este contacto directo que siempre ha sido la manera de los humanos.

CAPITULO 7 AVENTURANDOSE POR EL PAN

La comida siempre fue un tema importante en esta casa. Cuando solo había suficiente comida para alimentar a diez bocas de la familia se volvía escaso cuando los invitados o pacientes llegaban. Una tarde cuando llegué con Doña Julieta, me dijo que no había suficiente comida para todos. Había caído la noche y estaba muy obscuro sin estrellas y un gran silencio. La puerta del patio ya estaba asegurada porque ya era de noche. Me llamo y me dijo, "tienes que salir a comprar pan". "Ten cuidado y apúrate".

Llevando unos pesos, salí a la calle con una linterna en mano. La tiendita estaba adelante sobre la misma calle, no muy lejos. Entre por la puerta de una tienda de un solo cuarto. Delante de mi en una construcción rústica de tablas de pino hecho a mano y un mostrador hecha de tablas de madera clavadas unas a las otras. Detrás estaba el propietario que se veía sorprendido de ver me.

El cuarto estaba alumbrado con luz de vela, ya que no había electricidad. Tenía dos cosas en venta. Una era un pan local, pan salado, y el otro era aguardiente. Las lonjas redondas de pan estaban almacenadas en una repisa detrás del dueño. Y yo fui a la barra a preguntar por el pan.

A mi izquierda había tres hombres locales nativos con la panza frente al barra bebiendo tragos. Tuve cuidado de no mirarlos para no llamar su atención. Antes de sacar mis pesos de la bolsa sentí un flujo de energía, y me volteé a ver a estos hombres. El hombre junto a mi cayo de espaldas y golpeó el piso de madera como un costal de papas.

Una pelea empezó, y uno de ellos lanzó un puñetazo a la cara del otro. Y entonces la pelea empezó, borrachos golpeándose unos a los otros. Uno tenía un machete en su mano. Era una escena del oeste salvaje. Para ese momento arroje los pesos al mostrador y agarré el pan y corrí fuera de la puerta con el sonido de ellos cayendo al piso. Afuera en la calle de tierra, no había en el pueblo ni el sonido de un perro ladrando. Nadie estaba afuera.

Regresé a la casa con el pan en la mano. Entré al patio y fui a la cocina y mostre el pan. Todos los niños estaban felices de tener pan para comer con el café nocturno.

Le conté a Doña Julieta lo que sucedió. Me vio de una forma penetrante y dijo, "Ahora ya sabes porque no quiero que salgas sola, especialmente en la noche". "Algunas de estas personas son salvajes". Había también otras razones que a su tiempo me explicaría.

Adentro mi familia fui educada sin restricciones. Mi escolaridad fue muy disciplinada. Así que, llegando a un pueblo en los rincones remotos de las montañas de Oaxaca, tener restricciones acerca de mis movimientos era algo nuevo para mí. Sin embargo en esta nueva tierra era muy importante que obedeciera las ordenes de Doña Julieta. Posteriormente supe que necesitaba protección. La salida para buscar pan recién horneado hizo que supiera aun mejor.

CAPITULO 8 EL MANANTIAL ENCANTADO

El pueblo donde Doña Julieta vivía era por la mayor parte del tiempo un lugar silencioso localizado al lado de una gran y verdosa montaña. Los árboles de plátano crecían cerca de los árboles de pino y orquídeas de colores vivían en los pinos. Todo alrededor las montañas inclinadas eran un vasto tapete verde que se estiraban hacia la mas lejana distancia visible. Desde su casa otros pueblos podían ser vistos colgados a los lados de los pliegues de la tierra.

El día comenzó antes del amanecer. Empezando trabajar inmediatamente moliendo el maíz para hacer las tortillas para la familia. Este trabajo necesario debería cumplirse primero para que el esposo pudiera tener comida para llevar al campo. Después del café y el pan dulce local los hombres emprendían una larga caminata hacia las parcelas familiares, tierra abajo por el río, justo antes del amanecer. Todo el trabajo era un trabajo duro y en el tiempo de la primavera debido a que el sol era muy caliente, al medio día, se planeaba hacer las tareas mas difíciles en las horas mas tempranas y frescas del día.

La primavera es el tiempo de cielos azules y magnífico tiempo caluroso. Es el tiempo de abundancia de la tierra, y ella es rica en bondad en la Sierra Mazateca. Las montañas están ocupadas con las actividades de muchos mazatecos cosechando a mano el exquisito café que crece en la región. Los arbustos de café con sus hojas verde obscuro, tiene ramas con hermosos racimos de frutas rojas maduras, las cerezas del café. Estas plantas altas cargadas con cerezas rojas eran un festín al ojo que te hacían alegrarte al verlos. Daban una sensación de bienestar y riqueza. El café era la principal cosecha de la región. Al final del día, cuando Venancio, el esposo de Doña Julieta, regresaba con la gente local que había contratado para ayudarlo con la cosecha, el les ofrecía el acostumbrado trago. El trago, bebida alcohólica de preferencia local era el aguardiente, casi cien por ciento agua de fuego hecho de caña de azúcar. El aguardiente es como una bomba que puede emborracharte en un abrir y cerrar de ojos. Los mazatecos tienen muchos usos para el aguardiente, dentro de los cuales están los usos ceremoniales. Comúnmente se use al final del día, después de un trabajo físico pesado como un relajante y restaurador de la salud.

Después de algunos tragos las caras de las personas adoptan un aire relajado, y la mezcla de los días duros de la cosecha realizada, dinero en el horizonte, y una reunión placentera, se mezcla para unos buenos cuentos. Todos se sientan en una larga banca de madera, todo los ojos puestos en Venancio, cuando se abrió a decirme un secreto familiar.

Después de un cierto numero de años, entendí la historia que me conto el esposo de Doña Julieta al atardecer. Tenía que ver con parte de mi entrenamiento pero de una manera muy secreta que no me permitiría saber hasta muchos años después. Tenía que ver con un árbol especial y el manantial cerca de la casa. Durante el mero principio de mi aprendizaje era muy importante que yo bebiera agua de este manantial que llegaba a su casa. Y esta era el agua que yo bebí por años. El agua venía de un manantial encantado, localizado en un terreno perteneciente al padre de Venancio.

El cuento esta conectado al nombre de ese lugar. Los antiguos daban nombres a los lugares para indicar que había en ese lugar o en las propiedades, o en cualidades, o en los atributos de ese lugar. El pueblo donde ellos vivían estaba situado dentro de un gran bosque. Tenía un nombre muy peculiar.

El nombre venía del gran árbol Yoloxochitl que crecía no tan lejos del centro del pueblo. Ninguno de los nativos de esa región sabían como había llegado el árbol hasta ahí. Era un misterio. En los alrededores del bosque no había ningún otro de este tipo. Su grandioso tamaño mostraba que era viejo. Este árbol era muy interesante porque los cuentos nativos decían que era acerca de dos amantes, un guerrero y una hermosa mujer. El guerrero fue asesinado, y la mujer murió de tristeza. Debido a su gran amor los dos renacieron como partes de este mismo árbol. El se convirtió en el tronco y las hojas y ella en las flores.

Debajo de sus grandes raíces, abajo de la tierra estaba el manantial encantado. Justo abajo del árbol había un tanque de agua donde el agua fluía. De este tanque los pobladores recolectaban el agua. A veces aparecía una gran serpiente que salía del agua y asustaba a todo mundo, haciendo que los nativos tiraban sus recipientes y corrieran. La gran serpiente era la guardiana del manantial. La abrupta aparición de la gran serpiente cuando la gente recolectaba agua causaba miedo entre los pobladores. Se llamo a una reunión con los ancianos para ver que se hacía. Después de mucha discusión se decidió atraer a la serpiente lo suficiente para capturarla y llevarla lejos.

Con este plan establecido, un día un grupo de hombres del pueblo se reunieron y esperaron fuera de la vista del tanque de agua. Todos estaban ansiosos porque estos indigenas mazatecos vivían en un mundo de magia y espíritus naturales. Ellos respetaban ampliamente el poder de la gran serpiente y no quieran enojarla ni ofenderla. Después de un largo tiempo de espera la serpiente se levanto, y mientras que salía del agua ellos agarraron a esta monstruosa serpiente.

Los hombres construyeron un gran palanquín de madera en el cual pudieron transportarla. Capturaron la serpiente y la colocaron en el palanquín. La amarraron a los palos macizos la masa que se retorcía. Los valientes hombres la llevaron sobre sus hombros, fuera del pueblo. La llevaron a un lugar lejano al río que cruza a través de las montañas, y este es el lugar donde aun vive ahora.

El árbol de Yoloxochitl estaba en la cercanía de su casa, los hijos de Doña Julieta y yo íbamos a ese árbol de tiempo en tiempo. Yo siempre era advertida, "No te quedes mucho tiempo cuando vayas al árbol". Normalmente no me permitían salir de la casa frecuentemente. Estaba como secuestrada. No me daba cuento de esto en ese tiempo, pero estaba siendo protegida. En un cierto punto Doña Julieta me dijo francamente, "Hay muchos brujos en este pueblo". Esto significaba tanto hombres como mujeres. También en los primeros años de mis estudios era ilegal para una persona de fuera estar en el pueblo, por eso tenía que estar escondida. La región había sido cerrada para viajar. Cuando escapaba de la casa por un tipo de mandado, entonces subía al árbol. La advertencia decía que estaba encantado.

La historia antigua en esta región decía que los duendes aparecían cerca de ese árbol. Había también duendes que vivían cerca del manantial debajo del gran árbol. Era el agua de los duendes. Y este árbol era una de sus entradas a sus reinos. De los grandes sucesos mágicos en la sierra eran las actividades de los duendes. Estos no eran hadas, eran duendes mágicos, seres interdimensionales. Estos duendes eran conocidos por secuestrar niños pequeños y a veces hombres para jugar con ellos por algunos días. También tiraban piedras. Pero eso es otra historia.

CAPITULO 9   LAS COMADRES

La vida en la sierra era dura para las mujeres. La salvación para ellas era la familia extensa de las comadres y los compadres. Este sistema de compadrazgo era un flujo vivo de energía entre las personas basado en la reciprocidad. Durante todo su vida la familia construía una red de comadres y compadres asegurándose ayuda cuando fuera necesaria.

Tus comadres eran tus resguardo, tu fuerza de trabajo, las personas de las cuales podías depender. Especialmente en tiempos de fiesta cuando grandes cantidades de comida tenían que prepararse a mano y cocinarse sobre el fuego, las comadres eran invaluables. Todo mundo contaba con ellas.

Uno de las valores básicos en las comunidades nativas es la reciprocidad. Darse uno al otro desinteresadamente, y proveyendo un tipo de intercambio cuando era necesario, era parte de la vida. Cada uno que vivía en la comunidad sabía que tan importante era compartir y servir, especialmente a tus compadres. Esta idea fundamental de compartir la carga para sobrevivir va muy atrás en el tiempo cuando la gente era nomada.

En la sociedad occidental fracturada la individualidad se acentúa. En la cultura nativa es el grupo el que trabaja en conjunto. Tuve que desaprender lo que me enseñaron en la escuela y la familia, que enorgullece y intensifica ferozmente la individualidad. Aún comenzando a pensar en términos de grupo en lugar de término de uno mismo era otra manera. No era la manera americana. Afortunadamente yo podía desaprender rápidamente.

También fui presentada con la comadre Lupe y la comadre Reina. La comadre Lupe era una persona callada y humilde de edad media. Ella vivía sola y tenía un hijo que vivía fuera de la sierra. Su cabello color de sal y pimienta en dos trenzas atrás de su espalda amarradas de tal manera que no molestaban su trabajo. Su vestido estaba gastado y usaba el mandil obligado, que tenía el tizne del fuego y la mugre. La comadre Lupe se encargaba de muchas de las detalles cotidianos de la vida alrededor de la cocina, mientras Doña Julieta atendía a los muchos pacientes que venían a curarse en la casa.

Muchas horas se pasaban con la comadre Lupe preparando la comida en la cocina abierta. Siempre podía contar con ella siempre con una sonrisa gentil y natural. Se reía de mí cuando quería pronunciar atrás de ella palabras en mazateco. Era una lengua tonal y difícil de aprender.

Uno de los tiempos mejores de aprendizaje era haciendo tamales a mano. Esto tomaba mucho tiempo y generalmente era para las fiestas. La casa tenía siete niños y por lo tanto había muchas fiestas. Los tamales de mole eran altamente apreciados. Y esto es un placer regional epicuriano.

La comadre Lupe siempre ayudó como fuerza de trabajo para la familia cuando era el tiempo de cosechar café en la primavera. Esto era un trabajo duro recolectar las cerezas de café durante el calor del día con la presencia de muchos insectos picadores. Al final del día todos reunían en el patio antes de dispersarse hacia sus casas.

Algunas veces sí por sorpresa, comadre Reina aparecía en el portal del patio antes de que el sol estuviera muy fuerte. Ella iba cargando soportado por un mecapal en su cabeza cuarenta kilos de carne fresquecita. Su labio superior estaba sudado bajo el peso y el calor del sol. Su trabajo era caminar a través de las montañas vendiendo a la gente en sus casas la carne que cargaba en sus espaldas.

En ese tiempo era un servicio apreciado porque no había mercados cercanos y comida fresca disponible excepto de aquella que se sembraba en el huerto familiar. Algunos básicos como tomates, chiles, y cebollas eran traídos periódicamente por camiones.

Cuando la comadre Reina visitaba era tiempo de parar y tomar café y recibir las noticias de lo que estaba sucediendo en Huautla, la capital de la región donde ella vivía. Estaba a varias horas a pie, de arriba y abajo en las montañas empinadas.

Comadre Reina era una persona amable con una sonrisa desdentada, le faltaban los dientes frontales, los cuales escondía tras de sus manos. Era muy hermosa con largas trenzas negras con una piel suave y morena, ojos negros chispeantes, fuerte, independiente, y valiente, caminando sola en tierras lejanas. Aunque cargaba sus lonjas de carne usaba el mas elegante vestido hecho de satín brillante magenta. Su imagen se completaba con un gran machete que llevaba en sus manos. Yo disfrutaba estar cerca de ella, y era yo para ella una novedad. Esta gente no tenía contacto con nadie fuera del mundo exterior.

CAPITULO 10   LA MEDICINA DEL LICOR

Entre los muchos remedios que usan los curanderos de la Sierra Mazateca, esta el aguardiente, hecho de caña de azúcar destilada, es relevante para muchas curaciones. La gente indígena de la región era muy pobre, no tenían dinero para comprar medicinas. Sin embargo, el aguardiente, al 90 porciento y mas, estaba siempre disponible y se usaba como medicina para muchas enfermedades.

La gran mayoría de los mazatecos disfrutaban el aguardiente, así lo usaban y abusaban de él. Producido en la región era usado ceremonialmente, así como para los remedios caseros. En los tempranos de las setentas el aguardiente era traído a la casa de Doña Julieta, lo traía un hombre nativo a sus espaldas y era acarreado en un gran y pesado contenedor que aseguraba en su cabeza con un mecapal. En esta forma de acarrear el hombre mayor caminaba por los empinada brechas de la montaña de pueblo en pueblo, distribuyendo uno de los principales y mas sencillos remedios curativos.

Al ver llegar a este señor a la casa aguantando el peso de su valiosa carga, reflexionaba acerca de que esta era la forma original de entrega domiciliaria. Después de vaciar hacia el contenedor que proveían con un sifón su tesoro claro y liquido, se sentaba y descansaba un rato también tomando un trago de aguardiente, para darle fuerzas para continuar el resto de su día a pie a través de las montañas.

Dulce y caliente, la caña, como se le llama, con una copa afecta inmediatamente tu sistema. Para curación, el aguardiente es usado frotándolo en todo el cuerpo solo o con infusiones de plantas. También se usa en limpias, limpiezas espirituales, en las cuales los mazatecos tienen gran fé.

Habitualmente se bebe por hombres y mujeres para relajarse al final del día de trabajo, también cuando hace frío para calentarse. El abuso del alcohol era uno de los problemas del pueblo, llevaba a varios formas de violencia. Después del alto consumo de aguardiente muchas peleas se arreglaban con el machete, un filoso cuchillo de navaja larga usada en el campo para el trabajo diario. Profundas cortadas en el cuerpo eran algunas emergencias que Doña Julieta atendía.

Parte de mi entrenamiento era aprender a beber licor. No fui educada bebiendo licor, y no me encantaba. Así que fue otra forma de educación. Doña Julieta me decía que era importante beber licor para ayudar a mi energía.

Aprendí a conocer el aguardiente, pero era casi imposible. No era mi medicina. Era simplemente muy fuerte. En su lugar me dieron mezcal, y desde entonces recibí muchas enseñanzas como usar este maravilloso licor. Hecho de la destilación de la planta de agave este elixir exquisito es altamente medicinal.

Poco a poco con esta introducción comencé a abrirme al espíritu a Mayahuel, el espíritu del mezcal. La producción del mezcal se hacía en otra región de Oaxaca y cuando este gran regalo llegaba venía en grandes garrafones de cinco y diez litros. No sabia en ese tiempo pero pocos años mas tarde, mi Tío Enedino, maestro del mezcal, me dio la completa iniciación sobre la producción e identificación del mezcal (ya que hay muchas variedades).

La planta del agave es hermosa, y tiene muchos tamaños. Los grandes tienen hojas y son llamadas pencas, algunas alcanzan tres o cuatro pies de altura. Al final de la penca hay una punta con una aguja filosa como una espina. Estas espinas también están a los lados de las pencas así que uno tiene que tener cuidado si esta cerca de estas plantas. En los tiempos precolombinos, la gente de México y America Central usaban estas espinas para autosacrificio perforándose y entrando en trance a través de la sangría. Hay que notar que los dirigentes realizaban autosacrificio publicamente para el beneficio de todos y para bendiciones del cosmos.

Había una completa etiqueta cultural entorno al uso del licor tanto destilado como fermentado. Se usa en todas las ceremonias, nacimientos, muertos, enfermedades, posesión de un espíritu, y otras curaciones, para cerrar un trato, celebraciones, y para arreglar pleitos. Es una forma seria de intercambiar. Así que tenía que aprender la manera.

Al principio de esta enseñanza había una ley simple de observación con el mezcal, el respeto. Cuando uno recibe la enseñanza y la aplica, es muy benéfico. Si tu ignoras los límites, hay que pagar un gran precio. Si cometes el error de sobrepasarte, la mejor manera de decirlo es que te sientes morir por 24 horas. Y nada te ayuda. Esta dura lección la aprendes en una sola vez.

CAPITULO II   LA IMPORTANCIA DEL FUEGO

La mayor parte del tiempo Doña Julieta me enseñaba alrededor de su fogón. Su cocina estaba al aire abierto, con tres paredes hechas con tablones de madera tallados a mano, y un lugar abierto que daba al frente el patio de tierra y el resto de la casa. La mayoría de las cocinas de esta región son de esta manera, están separadas.

En los tablones de madera había cortes en forma de ventanas que correspondían a la parte posterior de la pared. Se podía divisar el verdor expansivo de las montañas, con árboles de plátano y vegetación tropical extendiéndose hacia la parte baja. La cocina era sencilla y austera.

El centro de la casa era el fogón, el lugar del fuego. Un elemento esencial, el fuego, como la mujer que es fuego. Luz y calor. Su fogón estaba localizado en la parte superior de la mesa, una plancha especial construida para contener el fuego. Toda la cocina durante muchos años se ha hecho en un fuego al aire libre.

Su familia era grande y la mayor parte del día se desarrollaba alrededor del fuego preparando la comida. Los frijoles negros formaban gran parte de la comida así como las tortillas, y ambas llevaban mucho tiempo para cocinarse. Por lo tanto, se pasaba mucho tiempo en la cocina.

Las comidas mas simples y deliciosas se cocinaban ahí y la mayoría eran cocinadas en ollas de barro. Las tortillas eran cocinadas en el comal, un plato plano de barro. Media cerca un pie de ancho, las tortillas se hacían de maíz blanco o amarillo que cosechaba la familia en su milpa, una parcela de maíz, abajo cerca del río.

Había agricultores de subsistencia y vivían sobre de todo que producían sus parcelas. Sembraban maíz, frijoles, chiles, y cebollas, lo básico para su sobrevivencia. El ciclo del año estaba alrededor de la siembra y cosecha del maíz, café y miel. Los dos últimas eran para la venta.

La vida en el pueblo era simple. La casa de Doña Julieta era de cuatro niveles hecho de adobe y piedra, cerca del centro del pueblo y construida al lado de la montaña. La mayoría del tiempo la pasaba en sus deberes familiares cotidianos, y atendiendo a sus pacientes.

En los principios de los setentas viajar a la sierra era muy duro y difícil entonces había muy pocos fuereños que llegaban a su pueblo. Después de que se corrió la voz acerca de esta región era el centro de los hongos sagrados, a través del artículo hecho por Gordon Wasson en la revista Life en la mitad de los cincuentas, los buscadores comenzaron el camino a la capital, Huautla de Jiménez. Afortunadamente el pueblo de Doña Julieta estaba lejos y fuera de esa corriente. Ella era una joya escondida.

El fuego era algo sagrado para ella y de manera regular su esposo traía su burro o mula cargada de leña del campo, en la parte baja del bosque. Por mucho tiempo no me dejaba estar cerca su fuego donde cocinaba. Podía estar cerca de él, calentar mis manos del frío, pero nunca tocarlo o moverlo. Ella era muy especial acerca de su fuego.

El fuego se mantenía durante todo el día, y cuando se terminaba de cocinar, o se suspendía temporalmente por algunas horas, la madera se retiraba ligeramente del centro de tal manera para que no ardiera innecesariamente. Todo era conservado incluso la madera para el fuego. La leña que ardía lentamente se hacía a un lado del centro, para mantener los carbones ardiendo y que el fuego pudiera reiniciarse en cualquier momento.

Esas eran enseñanzas de las mujeres concentradas entorno al fuego. Por muchos años cuando empecé con ella, mi tarea era pelar ajo, pelar cebollas, y lavar tomates. Era el único que me permitía hacer. Entonces yo sabía mi tarea, y la hacía diariamente o aveces más de una vez. La mayoría de la comida que hacía tenía estos ingredientes básicos. Una vez que me gradué de esta tarea me dejaba picar el ajo, cortar las cebollas y los tomates.

Una vez que regresé al norte de Los Estados Unidos vi como los italianos hacía con el ajo poniendo todo el diente de ajo sin pelar sobre la parte plana de un gran cuchillo, y aplastando el ajo para pelarlo mas fácilmente. La siguiente vez en su casa procedía hacerlo con el ajo de esa manera y ella categóricamente me dijo que no lo hiciera así, que lo pelara entero. Cada mujer tiene su manera. Tenía que ver con la integridad del diente sin aplastarlo ni machacarlo. Tenía que estar entero.

Su cocina algunas veces con mucho humo debido a la ausencia de una pared. Cuando la leña no estaba seca ya que ahí, la estación de lluvias duraba muchos meses durante el verano, siempre había humo. Cuando cocinaba y el viento jugaba con ella, tenía que moverse alrededor del fogón para quitarse del humo y poder mover la olla. En esos días al cocinar tenían que entrecerrar los ojos. Y también llenarse de humo.

Yo me convertí en la que llevaba la comida cocinada fuera de la cocina cruzando el patio hacia la otra cocina donde todos comían unos después de los otros en una mesa pequeña para cuatro personas o quizá seis apretujados. Con tantos niños, Doña Julieta normalmente comía al último. Era su pausa en el largo día de constante trabajo.

Ella imprimió en mí la importancia del fuego diciéndome que le avisaba si venían visitas. Se hacía también adivinación con el fuego, para encontrar la causa de serias enfermedades en los pacientes. Se usaba una roca blanca y después de hacer una limpia con ella se ponía en el fuego. El fuego cambiaba la forma de la roca y indicaba que enfermedad tenía el paciente. Este tipo de adivinación se hacía para enfermedades del espíritu.

En esa región también se hacía leyendo la flama de las velas. Las velas eran usadas en limpias para curación. Anteriormente se usaban velas de cebo. Pero las mejores velas se hacían de pura cera blanca de abeja. Estas velas eran muy apreciadas y caras.

Parte de ser sustentable era tener tus propios panales, que proveen miel, polen, y cera. La miel era miel de café, con los panales localizados entre los arbustos de café. Cuando se cosechaba la miel todos estaban felices. Partes de los panales de miel se traían a la casa y todos se deleitaban chupándolos y masticando la cera.

En Oaxaca entre las diferentes tribus nativas se hacían velas especiales con cera amarilla pura de abejas que se hacían con hermosos adornos para ciertas fiestas.

Grandes suculentas velas que pesaban mucho, como tres o cuatro pies de alto y como seis pulgadas de circunferencia con papel colorido de flores colocado en la cera hacían exquisitas ofrendas en los altares familiares. Cuando se incendian permanecían prendidas por muchos días, emitiendo un agradable olor sanador.

El fuego de la cocina también producía carbón que se usaba para calentar en un anafre, un pequeño estufa abierta hecha de metal. Esto era usado durante la estación de lluvia para dar un poco de calor para protegerse del frío de las montañas. El carbón era usado para asar carne especialmente tasajo, cortes delgados de res salado y semiseca. Esto era una delicia que se comía de vez en cuando, ya que la carne era costosa y no fácil de obtener. Poca gente tenía ganado y no había mercado en el pueblo.

La ceniza del fuego también era de gran utilidad. Se usaba par limpiar ollas y platos en lugar de jabón. Se usaba junto con los limones, limpiaba cualquier aceite en los platos, sartenes y ollas, y no costaba nada. La ceniza de la madera también era usada como medicina y también para cocinar ciertas comidas. También se añadía a la composta.

El fuego producía muchos productos valiosos y se consideraba como sagrado y se mantenía de cierta manera. En la noche Doña Julieta ponía el fuego a dormir hablándole y arreglando palos o cucharas de madera en forma geométrica encima de él. Esta era la magia del fuego, y cuando yo preguntaba su esposo acerca de esto lo único que decía es "Es su misterio".

CAPITULO 12   NO DESPERDICIAR NADA

Que historias pueden contar las paredes, los tablones de madera de la pared de la cocina exterior. Era el lugar donde todo tipo de noticias, chismes, y enseñanzas sucedían. La cocina era el lugar de trabajo duro, el lugar de la mujer.

Para el tamaño de la familia la cocina estaba casi vacía de provisiones. Las repisas rústicas y las mesas de trabajo eran café obscuro por el humo de la madera y por el largo tiempo de uso y mantenían los utensilios básicos. La mano y metate, antigua y hecha de piedra gris de basalto era el centro de todo. Intimamente conectado con la molienda del maíz, algo sagrado para la gente, cada mujer tenia el suyo propio.

Junto con esto había varios comales de barro de diferentes tamaños. Después de moler el maíz las tortillas se hacían a mano y se cocinaban al fuego en el comal. Oaxaca es famosa por sus tortillas. Como diez o doce pulgadas de ancho, algunas aún mas grandes y perfectamente redondas, son como la hostía (como la comunión) para la gente nativa.

Justo afuera en el patio un poste de madera estaba enterrado en el suelo y servía como base del molino de café. Cuando había que hacer el molido era Chavelita o la comadre Lupe quien hacía esta antigua tarea. Esto era un trabajo arduo.

En la cocina en la orilla de las repisas había unas cuantas frascos con hierbas secas. De las vigas colgaban grandes racimos de plátanos verdes madurándose. Las repisas necesitaban un poco de atención. Entonces decidí darme a la tarea de limpiar la repisa.

Esa tarde nadie estaba excepto Doña Julieta y yo. Yo estaba en la cocina sola con un trapo de limpiar en la mano para empezar el trabajo de limpieza. Mientras limpiaba vi unas canastas tejidas que tenían algunas cosas secas como cebollas y chiles. Moviendo algunas cosas me di cuenta de aquí y allá había pedazos de cebollas seca y pedazos de chile seco, sobre la repisa.

Junte los pedacitos, los puse en la mesa en un montoncito de basura. No me tomó mucho tiempo terminar este trabajo, que me dejó cubierta de polvo de ceniza y tizne. En la mesa había una bolsa de frijoles negros, que tenía que limpiar.

Cuando la gente de otras culturas habla de comida gourmet, en la sierra de Oaxaca la gente indígena come comida gourmet nativa. Al principio de la lista están los frijoles negros junto con las tortillas hechas a mano. Para hacer buenos frijoles, el primer paso es limpiarlos bien.

Limpiar los frijoles es una tarea sagrada porque el bienestar de la familia depende del ojo agudo del cocinero. Pequeñas piedras, bolitas de tierra dura y tallos de planta tiene que ser sacado de los frijoles. Cuando la familia consume dos kilos de frijoles diarios, es mucha limpieza de frijoles.

Me sentaba en la sombra en el piso de la cocina con mis pies en el patio de tierra, lenta y metódicamente limpiaba los frijoles. Arrojaba las piedrecitas y otros basuras al patio, incluyendo frijoles picados, marchitos, y comidos por insectos y que no se veían bien. Cuando ya casi terminaba, Doña Julieta cruzo el patio hacia a mi.

"¿Que estas haciendo?" me dijo viéndome en una manera extraña. "¡Limpiando los frijoles mamita!" Ella miro hacia abajo a mis pies y al montoncito de basura. "No tires esos frijoles. Los guardo". Me dio un frasco pequeño y comencé a recoger los restos de los frijoles.

Revisó la limpieza de la cocina y se dio cuenta de mi pequeño montón de polvo y basura en la mesa. Apuntando a los pedazos de cebolla y chile deshidratados dijo, "No tires esos". Mi mente quedó suspendida sin saber cual era la posible razón.

Dejando el espacio abierto sin palabras, procedió a decirme que en el invierno, hay veces que las madres venían a ella suplicando por comida. Esta gente se moría de hambre. Y por eso todo estos pedazos de frijoles que pensaba que no eran buenas para comer se guardaban para esta época.

A las mujeres se les daban estos restos, para que cuando fueran cocinados tuvieran un caldo para beber. Me decía que algunas veces no tenía dinero y poca comida, y entonces estos pequeños pedazos de cebolla y chile se usaban para guisar con ellos. Llegando de un lugar adonde siempre había comida, esto fue mi introducción al verdadero hambre.

Me di cuenta en la casa había una cadena de consumo. Todo era consumido. Los que los humanos no consumían, era consumido por el perro, los guajolotes, el puerco, o la composta.

Mientras juntaba los pequeños pedazos de cebolla y chile de mi montón de basura, le pregunté donde quería que los pusiera. Me indicó un lugar en la repisa, en un frasco. Antes que pudiera ir mas lejos, me miro y me dijo con sus penetrantes ojos café obscuro, "Hija, no desperdicias nada".

Ahí se me prendió el foco de no desperdiciar. Si tu practicas el no desperdiciar es una buena introducción hacia el dar. Cuando tu practicas el dar aún empezando con algo pequeño y después con algo mayor y mayor estas bendito practicando la generosidad. Cuando tu practicas la generosidad poco a poco te desprendes de las cosas. Perder el apego a las cosas te permite dar mas, y no desperdiciar nada. A traves de esta práctica tu adquieres muchas bendiciones.

Esto fue la transmisión de la cocina.

CAPITULO 13 LOS NENES

En los muchos años que estuve en la casa de Dona Julieta, muy pocos fuereños venían. En el tiempo que estuve, varios de la lejana ciudad de México llegaron. Eran chavos jóvenes más o menos de mi edad. No se como llegaron al principio. Todos eran aventureros.

Como la casa de adobe era básica, con poco espacio extra, teníamos que arreglarnos para dormir como podíamos. Todos dormíamos en petates en el suelo. Era frío especialmente durante la estación de lluvias. Me animaban para salir con los chavos, al mercado de Huautla los sábados para comprar los víveres necesarios. Había muy pocas cosas que comprar en el pueblo así que salimos en el coche en el que vinieron. El transporte era difícil en general de que básicamente no había, cuando los invitados venían de lejos con vehículo era imprescindible correr al mercado.

Ir a Huautla era una aventura. Nunca sabias que iba pasar en el camino. Del pueblo el camino era tortuoso, lodo, y rocas, resbaloso con arroyos de agua corriendo en el camino. Llegando río abajo cruzábamos un viejo puente. Nos paramos, y nos bajamos, caminamos, y estábamos absorbos por la densa naturaleza alrededor de nosotros.

Era palpable una energía especial en ese lugar. Era el sonido del agua corriente y del olor de las plantas. Era el cantar del jilguero, que trinaba melodiosamente, haciendo eco con el bosque. Un aire de magia.

Doña Julieta siempre enfatizaba que la tierra estaba viva. Después de recibir sus enseñanzas, esta palabra, viva, no era un concepto, era una realidad palpable. Era expresión, comunicación, recepción, y transmisión. Esto incluya augurios acerca del movimientos de los insectos, el vuelo de los pájaros, los sonidos de los animales, el movimiento de las nubes y los fenómenos celestiales.

El mercado de Huautla era vivo y colorido. Las señoras locales en vestidos coloridos y aquellos que venían de los pueblos cercanos extendían mecates y colgaban hermosos huipiles bordados (vestidos tradicionales) y textiles para la venta. Se vendían productos locales como verduras y frutas, especias, caña de azúcar y aguardiente. Venía gente de toda la región. Los hombres usaban calzones blancos tradicionales y sombreros tejidos de palma color crema, descalzos o con huaraches. No se escuchaba mucho español en las calles. La gente hablaba mazateco. Huautla era la capital regional llena de vida en el día del mercado.

En el mercado se podía ver que obviamente no éramos de ahí. Era importante tener cuidado de hacer las compras temprano en el día, porque a mediodía el calor algunas veces era intenso. Nos esparcimos y cada uno tomo una parte de la lista de las compras. El mercado se volvió como un acertijo. Acordamos vernos en el coche y cada quién se fue caminando.

Es imposible ir al mercado sin probar la comida. Tantas frutas, jugos, tacos, y carne asada. Los vendedores ofrecían probaditas. Comidas nativas inusuales como maguey horneado, chapulines, y hongos salvajes eran consumidos. Otro mundo de comida se abría, y era la comida nativa. Me volví aficionada.

Yendo al mercado no puede uno olvidarse de los borrachos. Los borrachos estaban tirados a los lados de las calles adjuntas al mercado. Totalmente pasados, esta gente algunas veces ha caminado muchas horas para llegar al mercado de Huautla. Después de sus negocios se ponen a tomar aguardiente, y después de uno, o muchos, resulta que estaban totalmente ebrios. Era parte de todo el cuadro. La gente solo se movía alrededor de ellos.

Haciendo mi camino entre la multitud de cuerpos más o menos de mi tamaño noté entre las caras sonrientes que la gente le gustaba tener dientes de oro. Uno o dos y algunas veces más. Esto hacía sus miradas aun mas brillantes. Junto con su piel morena, los Mazatecos, eran un encanto irresistible.

En el viaje del regreso dando tumbos en el camino lleno de baches, hacían que el viaje fuera lento. Observando mas la región podíamos apreciar la altitud y variedad de microclimas. Era exuberante y verde con muchas flores. Subiendo del río podíamos ver los pueblos lejanos, algunos solamente se podía llegar a pie. Era un lugar hermoso.

Regresando a la casa en la tarde llegábamos trayendo todo tipo de cosas ricas, incluyendo pan dulce para el café de domingo en la mañana. La casa estaba tranquila como siempre, con pacientes yendo y viniendo. Entre todo esto los quehaceres de la casa se realizaban.

Eramos los Nenes, como Doña Julieta nos llamaba con su alegría. Ella nos consentía. Su hospitalidad era grandiosa. Verla sacar grandes comidas del fogón era sorprendente. Con pocas provisiones ella creaba una fiesta. Todos estábamos bien alimentados con las grandes tortillas de maíz que cosechaba Venancio. Eran deliciosas, servidas con frijoles negros calientitos de la olla, un huevo frito y café negro aromático endulzado con piloncillo y canela.

Los chavos venían de buenas familias de la Ciudad de México.

Algunos estaban hechados a perder por sus vidas privilegiadas. Otros eran joyas en bruto. Doña Julieta nos quería a todos.

De los chavos que vinieron, resulto que cada uno tenía su don. Doña Julieta, reconociendo esto nutria a cada uno con su amor. Ella era doctora y abogada, consejera y guía espiritual. Algunos años después uno se convirtió en escritor, otro en hotelero, otro en dueño de agencia de carros, otro en dueño de una compañía de ecoturismo y otro en gran artista. Todos aplicando las lecciones que aprendieron de la medicina sagrada y la guía amorosa de Doña Julieta. Estos dos últimos todavía son mis amigos. Nuestra experiencia única nos unió en un gran vínculo.

En los primeros sorprendentes encuentros con los chavos, Doña Julieta a veces permitía que sus hijos nos acompañaran escapando de los confines de la casa. Una vez dos de los chavos decidieron llevar con ellos a sus amigos al viaje en las montañas. Eran cinco de ellos y una era una mujer.

El día después que llegaron, todos decidimos ir al río a refrescarnos, y uno de los niños, Hippie, vino con nosotros. Doña Julieta me enfatizó que le cuidáramos. Estábamos todos al lado del río en un lugar donde no estaba muy ancho pero había una corriente muy rápida. Yo le dije al grupo que cuidaran el niño.

Hippie era de uno de mis niños favoritos. Una pequeña cara radiante y un carácter humilde, era totalmente amoroso e inocente. Tenía alrededor de cinco años. Decidí ir un poco río abajo y me senté aparte de los otros que estaban hablando mucho y molestando el ambiente natural. Gente de la ciudad. De repente, oí un ruido y mi atención fue halada hacia el río. Hippie había sido jalado por la corriente. El entró al río con el agua hasta las pies y se cayó. El estaba tragando agua y sumiéndose, sin poder nadar.

Di un brinco y salté al agua a tiempo para agarrarlo mientras el era arrastrado por la corriente. Lo saqué de la corriente, ahogándose y lo llevé al orilla. En lugar de llorar permaneció calladito entre parpadeando y temblando. No tenía nada para cubrirlo y calentarlo. Estaba en shock y lo abracé y caminamos hacia los otros. Estaba muy enojado con ellos por no haber puesto atención al niño, porque estaban envueltos en ellos mismos. Les grité. Rápidamente trepamos y nos fuimos.

Cuando llegamos a la casa, las ropas de Hippie estaban todavía mojadas. Le dije a Doña Julieta que había pasado y ella inmediatamente se lo llevó y le hizo una limpia. Este fue mi primer caso de susto que vi como se curaba. La medicina tradicional nativa que Doña Julieta practicaba se enseñaba con experiencia directa. Aquí empezó mi entrenamiento en el uso de los huevos. Ciertos huevos han sido usados para curar el cuerpo. Este entrenamiento para aprender el arte de leer los huevos toma mucho tiempo. Como es costumbre en el aprendizaje de esta medicina, tu la aprendes en la práctica cuando la situación se presenta.

Los Nenes vinieron a la sierra para viajar con los hongos sagrados. Y ella era nuestra madre cósmica, la doctora de los hongos. La ceremonia se hacía en la noche. La casa y los alrededores del pueblo estaban silenciosos y la noche caía. La puerta del patio estaba cerrada y asegurada y ahí entre niños y familia, los viajeros fueron conducidos a otros reinos. Esta era una casa de espíritus. Esta era una casa de curación.

Las ventanas de otros mundos se abrían con el olor de ardiente copal y oraciones dichas a la luz de la vela. La veía haciendo invocaciones, sostenía una vela blanca encendida con ojos cerrados y levantando las manos con palmas abiertos llamando a la energía del Todo Poderoso y la Virgen de Guadalupe (Tonantzin), y una letanía de protectores.

Los niños de la familia estaban integrados a esta experiencia. Desde pequeños, estaban acostumbrados a tomar los hongos sagrados. Entonces cuando los nenes llegaron, los niños estaban ahí como nuestros protectores, viéndonos y cuidándonos. Más de una vez estuvieron ahí para mí, sirviendo como amortiguadores contra interferencias energéticas no deseadas.

Los primeros días de alguna manera, la palabra alcanzó a gente afuera en Huautla quienes supieron que yo estaba en la casa. Estábamos haciendo el quehacer cuando un joven llegó. Dijo que había caminado de Huautla durante varios horas, era mexicano, de edad universitaria y educado.

Cuando le preguntaron porque vino, el dijo que venía a verme. Platicamos y se hizo tarde. Era muy tarde para que el se regresara antes del anochecer. Así que, se le permitió pasar la noche. Solamente había un lugar para dormir y este era en el mismo cuarto, un almacén, donde dormía en el suelo.

La hora de dormir llego y Doña Julieta llamó a dos de los niños para que vinieran a dormir cerca de mi. De esta manera, los niños sirvieron para protegerme. En otro ocasión cuando estaba viajando con la medicina se presentó una situación intensa con un miembro de la familia extensa que estaba de visita y no sabía cual era mi estado, y se puso frente a mi cara. Los niños vinieron cerca de mi y me llevaron a un lugar callado y protegido.

CAPITULO 14   LA CASA MAGICA

La gente ve a las casas como si fueran cosas, inanimadas sólidas. Yo aprendí con Doña Julieta a ver las casas con una luz totalmente diferente. Su casa hecha de adobe, con tejas de barro, piedra y cemento, parecía ser una entidad viva. Tantas cosas sucedían ahí, tantas curaciones, tanta drama, tanta vida familiar, alegrías y tristezas.

La casa estaba permeada por la magia. Era habitada por muchos espíritus. Fue ahí donde tuve mi iniciación sobre la magia de las casas, como mantener una casa y sus espíritus, y como defenderla cuando surgían situaciones pesadas cuando se presentaban. Desde la época precolombina la resina de copal era quemada como principal defensa contra las enfermedades, espíritus, y mala energía.

Entre las muchas cosas interesantes en el patio de Doña Julieta había algo que llamó la atención entre las plantas. En las orillas de las escalones de concreto que llevaban al patio de arriba del segundo nivel se alineaban diferentes tipos de plantas en macetas y también en el suelo. Lilas coloridas, rosas, y orquídeas moradas daban luz al patio. Abajo de las escaleras había un área que usaba como almacén.

En uno de los pilares grises colgaba un colibrí seco boca abajo sus plumas esmeraldas descoloridas. Quien sabe cuanto tiempo estuvo ahí. Con curiosidad, decidí preguntar Doña Julieta acerca del colibrí.

Hay muchos pájaros en la sierra, y los colibris tienen un

significado especial. En este caso la explicación me abrió a ver las cosas de otra manera. Iba aprender acerca de la magia del amor.

En la cultura de donde yo vengo el amor y romance se ven de una manera diferente. Aquí en la sierra el amor era un asunto serio, involucrando intermediarios, casamenteros, algunas veces un largo cortejo desde luego el precio de la novia. Además de esto otra alternativa era el robo de la novia. Para guardar la honra de la familia de la novia se decía que su hija ha sido robada "la robaron".

Entrar en un compromiso era un asunto serio. Implicaba acuerdos entre los padres de la pareja, tragos, e intercambio de regalos. Estas formalidades eran los lazos entre la pareja y sus familias. Cuando el matrimonio se formalizaba un nuevo hogar se formaba. Y esta casa abrigaría a la familia. Era la presencia del colibrí que mantenía los lazos firmes. Su presencia era un recordatorio visual de todo esto.

Como una entidad viva, los espíritus de la casa tenían que ser alimentados. Esto era una actividad cotidiana, llevada a cabo en el altar, con velas y oraciones. Esta era una casa santa, un lugar de curación. Del altar las oraciones se llevaban a la cocina. El principal conducto elemental era el fuego. Una llama encendida de vela, o un fogón en la cocina era los transmisores.

Los elementos eran algo muy fuerte en la sierra. No mucho tiempo después de que me quede con la familia un gran temblor sucedió colapsando los dos pisos superiores de la casa. Fue muy difícil para todos. En el primer nivel del piso del patio eran inhabitables, así que toda la familia tuvo que amontonarse en un solo cuarto para dormir. Yo dormí con todo los niños como sardinas, en la tierra y en un petate con una colchoneta de esponja. Cuando recien llegue después del temblor como una peregrina estaba triste por lo que vi. Era devastador para la familia. No había dinero para reconstruir. Llevo muchos años para recuperarse. Sin embargo se recuperaron poco a poco.

Cuando la casa fue reconstruida, el segundo piso más o menos terminado, para estar fuera de la actividad de la casa, permanecí en la área tranquila de la cocina a medio completar. Se había convertido en una recámara con cama. Era realmente un lujo. La nueva reconstrucción era mas sólida. Tenía un baño adelante en el angosto pasillo y a la vuelta un lugar donde me senté en soledad, para meditar y orar.

En el verano los meses de la estación de lluvias el clima era intenso. Algunas veces llovía por días sin parar. Frío y húmedo algunas veces cubierto con neblina, el pueblo tenía un aire misterioso. Algunas veces no podías ver el camino porque la neblina era muy espesa.

Un día en la tarde Doña Julieta me dijo que una gran tormenta iba a venir. Ella estaba totalmente en sintonía con la Madre Naturaleza y podía leer los signos en la naturaleza. Se aseguro que todos comiéramos temprano y que la cocina estuviera asegurada antes que cayera la obscuridad.

De repente una gran tormenta estalló y cayó justo sobre nosotros. Todo los niños corrieron a abrigarse. Fuertes vientos estruendosos nos barrieron. Yo estaba en el segundo piso salí de mi cuarto y vi tras la reja al patio de abajo para verla trabajar con los elementos.

Había puesto sobre la tierra un anafre con carbones al rojo vivo, y estaba parada en el viento aullante y la lluvia violenta, quemando algo que olía muy fuerte. Su pelo volando y se veía como una criatura primaria, levantó su voz al viento, sus brazos al cielo rezando en mazateco. Chispas del anafre volaban en todas direcciones consumiéndose en la obscuridad. Parecía que el viento tomo forma y giro alrededor de ella.

Todo lo que podía hacer es observar asombrada. Era como si estuviera poseída. Estaba en comunicación con el viento. Estaba presenciando algo que siempre ha sido, la mujer de medicina en conexión con la naturaleza directa y la habilidad de pacificar y mandar a los elementos.

Después de un rato el viento se aplacó, la tormenta paso y el peligro para el pueblo y para la casa terminaron. Esta era la primera vez que yo veía la capacidad de mandar a los elementos. Esto vería muchas veces más con otras personas benditas.

Al día siguiente el amanecer era claro, y yo pregunté a Doña Julieta acerca de controlar el viento. Me dijo que ciertos espíritus se montan en el viento. Algunos malévolos como aquellos que tumban la milpa. Otro tipos de espíritus que viajan en los vientos son aquellos que llevan las enfermedades. Cuando se alimenta los espíritus, se pacifican. Este fue la primera vez que aprendí a alimentar a los espíritus.

Mandar a los elementos era uno de los regalos que se usaban para proteger la casa. Es una magia que es necesario saber. La casa teniendo su propia vida estaba en expansión. En la reconstrucción al nivel de la calle en el segundo piso, una área de recepción y construcción. Un techo provisional de metal corrugado, sobre vigas con pared hacia la calle, el cuarto tenía un piso de tierra con un montón de grava en las orillas.

Una tarde estábamos sentados en la cocina. La noche era fría y nublada. Todo era silencioso en el pueblo, solo los sonidos de la casa se oían. Era una noche con misterio en el aire. De repente hubo en la calle un sonido como de vidrio rompiéndose. Después de eso una piedra golpeó el techo de lámina del segundo piso. Pensé de donde podía venir la piedra. Todos nos vimos entre sí. Después de un momento, otra piedra golpeó el techo.

Viendo a su hija y a mí, Doña Julieta no perdió tiempo ordenándonos que fuéramos con ella y corrió rápidamente subiendo las escaleras. Corrimos atrás de ella y la alcanzamos en la semiobscuridad de la entrada del cuarto de recepción. Nos mostró la señal del silencio. Permanecimos como gatos, sin movernos. Otra vez una piedra golpeó el techo.

Alguien estaba allí. Las tres entramos al cuarto y ella empezó a cantar en tonos bajos y luego de repente volteando hacia nosotros, dijo, "¡Rápido haz pipí en tu mano!" ¿Hacerme pipí en mi mano? ¿Que?

Mas rápido que el rayo antes que pudiera pensar o hacer cualquier cosa la seguí y todos al unísono nos bajamos los calzones y estábamos todas agachados haciendo pipí en nuestras manos. Una vez que teníamos nuestras manos llenas, ella ordeno, "¡Ahora arrojenla en los rincones!" Y nos dijo que palabras decir.

Tratando de terminar con el arrojamiento de nuestra orina sin salpicarnos y haciendo nuestra marca en la media luz actuando rápidamente mientras ella cantaba era algo de verse. Nos enfocamos en la pipí. Arrojando filamentos de energía, hechando fuera de las paredes las fuerzas dañinas, el canto continuó y paró.

Una vez más permanecimos en silencio. Después de un rato, ya no hubo mas piedras en el techo. Después por que era de noche nos retiramos. La siguiente día cuando Venancio subió a inspeccionar que había pasado, encontró que alguien había roto el vidrio retrovisor de la vieja camioneta de la familia. Como es usual no toda las curanderas son bien vistas. No todos en el pueblo son amistosos.

CAPITULO 15 EL REBOZO NEGRO

Sólo había una tienda en el pueblo, que pertenecía a Tío Lolo. Quizá porque era el hombre más rico del pueblo, o por su carácter, pero casi todo el mundo lo odiaba. Era uno de esos tipos que cuando entrabas a su tienda, te desvestía con sus ojos. Lujurioso y con la mirada lasciva era alguien a quién había que evitar a toda costa.

El almacenaba mercancías secas, frijoles, arroz, maíz, productos enlatados y otros artículos almacenables. Solo se pagaba en efectivo, algo que la mayoría del poblado no tenía. El amaba el dinero y haría cualquier negocio para obtenerlo. Tio Lolo gracias a su riqueza compró un gran camión de carga rojo para traer mercancía comprada en Puebla y traerla al pueblo.

Tomaba mucho lo que incrementaba su mal carácter. Gritón y fanfarrón, algunas veces agarraba a las mujeres que venían a su tienda. Era conocido por los locales como un sinverguenza. A mí no se me pedía seguido ir a la tienda, y si tenía que ir, algunos de los niños generalmente me acompañaba.

Junto a la tienda estaba el molino donde diariamente las mujeres del pueblo cubiertos por rebozos negros tradicionales llevaban su nixtamal para ser molido. Por unos pesos podías tener un kilo o más molido facilitando el trabajo que se hacía arrodillado e inclinado sobre el metate.

En un día calmado en el pueblo alguien vino corriendo hacia Doña Julieta llamándola y pidiéndole ayuda con emergencia. Ella estaba en su cocina preparando comida, con un cuchillo en su mano, y rápidamente se fue corriendo. En el molino con un montón de gente amontonada en la puerta Doña Julieta los empujo y se abrió camino.

Delante de ella una escena horripilante. La mujer que estaba recogiendo su nixtamal del molino atoro su rebozo en la máquina. Se le enredó fuertemente en el cuello y estaba estrangulándose. Un grupo de mujeres estaban alrededor de ella, paralizadas de terror por lo que estaban presenciando, sin poder hacer nada.

Su cara se estaba poniendo amoratada con ojos saltones, cuando Doña Julieta empujó a los mirones para poder llegar a ella. Sin perder un momento con el cuchillo en mano, ella comenzó a cortar el rebozo fuertemente amarrado del cuello de la mujer. Trabajando frenéticamente cortó a través de la densa tela tejida, el filoso cuchillo yendo hacia su cuello. La sangre chorreó profusamente mientras que la mujer fue liberada, inconsciente. Rápidamente Doña Julieta paró el flujo de sangre. La mujer poco a poco recuperó la consciencia, y su vida se salvo.

Un poco después de este incidente, llego la palabra que Tío Lolo estaba desaparecido. Había ido con su chofer, que también era su guarda espaldas, en su gran camión rojo a comprar mercancías en Puebla. Un grupo de rescate fue enviado a buscarlo. Venancio fue con ellos. Paso mucho tiempo y entonces encontraron el lugar donde el camión había salido del camino.

Era empinado y una larga distancia hacia abajo. Nadie quería arriesgarse para recuperar el cuerpo. Venancio que era el primo de Tío Lolo fue el único que tomó la responsabilidad. En un acto heroico, Venancio realizo su acto de arduo esfuerzo. Tío Lolo fue encontrado asesinado, baleado por su chofer. El asesino nunca fue encontrado. Estas situaciones de robo y asesinato no eran tan comunes. Se dice que el tipo de muerte que tuviste refleja el tipo de vida que tuviste. Para este hombre infortunado seguramente fue la causa.

El rebozo negro, que por mucho tiempo fue un ornamento esencial en las mujeres indígenas, poco a poco se dejo de usar en la vida cotidiana. Conforme paso el tiempo, aún en la capital, la ciudad de Oaxaca, muchas mujeres de las regiones aledañas dejaron de usar el rebozo.

Elegante y encantador esta tela de multiuso con franjas tejido a mano se dejó a un lado. Ahora solo se usa por las mujeres mayores o para las fiestas. Para mi todavia es mi ornamento favorito. Mi rebozo, suave por el uso de mas de treinta años, es una tela lujosa, ligera y caliente, que lleva la belleza del tejedor, y su maravilloso sedante. El desuso del rebozo negro era otro signo de los grandes cambios que llegaban a la gente.

CHAPTER 16   TIO JOAQUIN Y EL NAGUAL

Uno de los grandes placeres de la vida en el pueblo era recibir visitantes. La casa de Doña Julieta, debido a la geografía de sus montañas, los amigos que la visitaban eran pocos. El contacto con el mundo de fuera, el mundo mas allá de las montañas era escaso. La ciudad de México era un planeta lejano.

No había mas transporte entre los pueblos que ir a pie. A través de la accidentada Sierra Mazateca hay huellas impresas por los pies nativos. En algunos lugares los caminos son angostos y empinados faldeando las montañas, y en otros lugares suficientemente ancho para que quepan dos mulas de lado a lado.

Por mas de mil años, estas veredas eran las entradas para el comercio y el intercambio del conocimiento espiritual. La Sierra Mazateca es el depósito de conocimiento profundo. En este clima hubo algunos que aprendieron a usar este conocimiento para ayudar a otras gentes y hubo otros que fueron sumamente negativos y dañinos.

Así es la connotación de la palabra brujo, significando hechicero o chamán. O aún mas la palabra hechicero. Las palabras significan diferentes cosas para diferentes gentes. En defensa de la palabra brujo, o el femenino bruja, diremos que hay muy buenos brujos o brujas, con gran sabiduría y conocimiento que trabajan por el beneficio de la gente, los animales, las plantas, y los elementos. Los mejores tienen poco contacto con el mundo de afuera porque están trabajando en otro plano de consciencia. Como en la sierra se genera tanta luz, una gran cantidad de obscuridad existe.

Habiendo atestiguado numerosos casos de brujería a través de los años, no cabe duda que la gente tenía que hacer grandes esfuerzas para manejar estos poderes obscuros. La inocencia en estos lugares era un serio problema. No tenía punto de referencia.

Estaba aprendiendo por el método Braille. La forma de vida relajada en California no tenía lugar aquí. Con gente fuera no de la familia de Doña Julieta, uno tenía que estar con cuidado. Una forma mas sofisticada de ver el mundo resultado de una educación UCSC liberal, no tenía lugar cuando se confrontaba con el poder de estas gentes antiguas, los Mazatecos.

Un día a media mañana, Tío Joaquín entró por la entrada principal de la casa. Doña Julieta y yo estábamos ocupados en los que haceres domésticos y el cuidado de los niños, cocinando y limpiando y atendiendo los animales. Al verlo ella irradió una gran alegría.

Tío Joaquín, su hermano, con radiante energía y su forma pulcra. Vestía de una manera simple con camisa blanca fresca y bien planchada con pantalones cafés, su sombrero ancho finamente tejido de palma color crema ligeramente inclinado hacia un lado, su diente de oro le daba un aire de guapura que hacía que su sonrisa fuera más atrayente. Su pelo blanco y su fino bigote de lápiz en su cara completaba la pintura.

Llevaba un machete y un morral de mecate mientras que sus pies acabados usaban huaraches como los que usaban la mayoría de los hombres. Elegante en su simplicidad, era igualmente elegante en su forma de ser. Callado y de una forma de hablar suave, era agradable estar cerca de él.

Tío Joaquín se estaba haciendo viejo y los visitaba cada vez menos ya que el viaje de ida y vuelta a pie tomaba mas de cuatro horas. Visitas como estas no eran solo sociales. Estas visitas eran para pláticas profundas entre sabios. Atravesando el patio, le ofrecieron una silla de madera con respaldo, en la sombra, fuera del intenso sol. Después de tomar un delicioso café molido por la familia, la plática comenzó mientras se preparaba el almuerzo alrededor de las once.

Tío Joaquín empezó con un cuento. El estaba teniendo problemas con un brujo de un pueblo cercano. Sin saber como proceder correctamente estaba buscando consejo de su hermana. Julieta que era una vidente. Nacho el brujo venía de San Lucas un pueblo famoso en la región por sus brujos. Todo mundo sabía que personas de este lugar eran "muy delicados" y fácilmente se molestaban. Esto significaba que la gente de San Lucas se ofendía fácilmente, así era muy importante estar atento cuando se interactuaba con ellos.

De alguna manera Nacho se ofendió por algo que hizo Tío Joaquín cuando se cruzaron caminos. Desde entonces cosas raras y molestas le sucedían a la cabaña de Tío Joaquín, encaramada en el lado de la montaña. Debido a lo lejano, hay muchas energías extrañas en estas montañas. Brujos malos son expertos manipulando fuerzas y espíritus que pueden hacer daño. También hay brujas malas.

Tío Joaquín y Doña Julieta estaban sentados en el patio de afuera charlando, cuando de repente, Tío Joaquín brincó y gritó viendo hacia el tanque de agua. En ese momento vieron la última mitad de una víbora de coralillo desapareciendo en un hoyo en la pared junto a el tanque de cemento. Tío Joaquín sin perder tiempo tomo su machete y comenzó a escarbar con furia la pared de adobe. Sin miedo metió su mano en el hoyo profundo y jaló la larga víbora coralillo.

Le dio un machetazo justo ahí y la cortó la cabeza. Luego quitó la piel de la víbora. La carne se guardó para otros trabajos tales como hacer medicina para enfermedades graves. Cuando Tío Joaquín vio la víbora, el vio que era el nagual de Nacho en una de sus formas. Después de eso, Tío Joaquín encontró que en ese mismo día en San Lucas, encontraron al brujo Nacho muerto. Fue un caso de justicia salvaje.

Hay muchos naguales en México. Hay hombres y mujeres que cambian de formas. Tomando formas de un animal, pájaro o reptil, brujas o brujos hacen magia. A lo largo de Mesoamerica hay muchas historias de gente que cambia de formas. En la Sierra Mazateca esto era parte de la realidad ordinaria.

CAPITULO 17 EL SONIDO DEL AGUA FLUYENDO

El río lejos hacía abajo del pueblo se convirtió en mi refugio. Cuando las cosas se ponían muy intensas en la casa pedía permiso para bajar al río por caminos empinados de la montaña. A través de plantaciones de café, árboles de plátano, encinos y pinos, hacia abajo hasta que finalmente alcanzaba el flujo del río. Caminando al lado del camino que corría junto a el fui en la dirección opuesta al puente hacia la catarata.

Cuando hacía calor este era un buen lugar para estar. Bajando por el camino entre las grandes rocas, el río me daba la bienvenida. El chorro de agua bajaba de la catarata cerca de treinta pies de altura hacia el agua clara azul verdosa. Este era un lugar donde los locales venían. Un lugar de gran energía.

De allí yo caminé por un rato por la orilla del río hasta que encontré mi propio lugar sagrado. Había encontrado esta gema cuando estaba buscando un lugar escondido para meditar, totalmente inmerso en la Madre Naturaleza. Fue el árbol quién me llamo.

Ahi más adelante había un magnífico árbol, muy viejo con largas y sinuosas raíces que se extendían hacia el agua. Las grandes ramas hacían una copa que daba sombra contra el intenso sol. Debajo de este gran protector el río formaba un hermoso estanque para bañarse. Era justo el lugar correcto para sentarse desnudo a la orilla del río y practicar meditación. El agua no era muy profunda, en algunos lugares podía sentarme y el agua fresca fluía y llegaba hasta el cuello. Era un lugar solitario. No había ningún ruido más que el río fluyendo.

Hay otras meditaciones que puedes hacer con el agua. Estas practicas son dependiendo del lugar y los tonos del agua que las rocas hacen. Ya sea en ellas, sobre de ellas o al lado de ellas, los lugares de agua son lugares de espíritus. Estas aguas eran alimentadas por manantiales de la montaña. Después de haber permanecido no se por cuanto tiempo, regresé con la familia refrescada.

Se sabía que el río había tomado un cierto numero de vidas. Los nativos de la región no eran nadadores. En algunos lugares la corriente era muy rápida. Un psicólogo y su esposa, que conocí en Texas, me pidieron viajar para conocer a Doña Julieta. Los guié hacia ella.

Tenían un conexión con ella y eran buena gente, respetuosos y no se quejaban. Un día durante su estancia bajamos al río para escapar del calor. Uno de los nenes, Jimmy, vino con nosotros.

Llegamos a un lugar donde el río era mas ancho con rocas sobresaliendo de aquí de allá. Todas estábamos contentos. Envueltos por la naturaleza, era un buen día. Estuvimos embelesados. En el aire mariposas coloridas, cantos de pájaros, el agua fluyendo, la magia de la montaña estaba con nosotros.

La Sierra Mazateca era famosa por sus cuevas. Estas cuevas fueron esculpidas por el agua a través del tiempo. Algunas de las más profundas cavernas en México se encuentra en esta región. Los ríos estaban directamente conectados con esté sistema de cuevas y había muchos canales subterráneos donde el agua corría.

Jimmy era un atrevido. A él le gustaba el reto físico. Y así decidió cruzar el río brincando de piedra en piedra. En ese lugar el río era suficientemente profundo para que uno se preocupe.

Estaba alentando al psicólogo para que lo siguiera. Lo último que vi fue al psicólogo, siguiendo al líder. El doctor usaba lentes y me di cuenta que no los tenía cuando empezó a brincar.

Me separé del grupo para ir a meditar río abajo, tomando cada oportunidad para sumergirme en lo salvaje. Encontrando mi lugar cerca de la orilla del río me senté pacíficamente por un rato. De repente fui despertada de mi ecuanimidad por un grito que venía río arriba.

Brinqué, moviéndome hacia el grupo, viendo a la esposa del doctor en la orilla del río observando con horror como su esposo era arrastrado por la rápida corriente. Estaba gritándole más allá del sonido del río. No muy lejos de donde yo estaba el río bajaba hacia un gran hoyo en la tierra desapareciendo quien sabe hacia adonde.

El doctor era arrastrado hacia mi dirección estrellándose contra grandes piedras en el agua. Estaba manoteando agitadamente en el agua sin poder ver bien. Yo sabía si no lo sacaba se iba ahogar. Empece a gritarle que nadara hacia la playa. La urgencia de mi voz lo hizo nadar con fuerza y pudo llegar a la playa. A menos de veinticinco metros de la última nadada de su vida. Su esposa estaba emocionalmente agotada. El estaba atragantado y subió a la orilla del río. Había tragado mucha agua y se colapso.

Esto fué una gran reflexión para el doctor que casi escapó de ahogarse. Regresamos al pueblo después de recolectar nuestro energía de este susto. Visiblemente temblando caminamos hacia la casa de la familia. Doña Julieta había estado cocinando y se dió cuenta que el doctor y su esposa tenían un buen susto.

Sabía que hacer y no perdió el tiempo. Junto unos carbones de fuego y les puso en su copalera y la curación del copal ardiente comenzó para ambos. Después estaban aparentemente restablecidos y muy agradecidos.

Tiempos después, cuando se fueron, Doña Julieta empezó a darme enseñanzas acerca del agua. Le dije que había encontrado un buen lugar para meditar. Ella estaba feliz por mí porque esto era importante para mí. "Hay algo que debes saber", dijo. "Nunca entras el agua cuando el río esta en su periodo". "¿Que significa esto mamá?" No entendiendo lo que ella decía. "En la estación de lluvia, el río tiene su periodo, y hay muchas impurezas en el agua. Así que no debes entrar. Pon atención a esto."

Fue una advertencia que no voy a olvidar. Muchas veces después de eso cuando yo baje al río, cuando las aguas corrían claras, pensaba en lo que ella había dicho. Me acostumbre a los leves cambios que suceden alrededor de la naturaleza en mi lugar sagrado.

Años después de haber estado fuera por un rato, baje al río para checar mi lugar. Caminando a la orilla del río mirando con atención, vi una jeringa de vidrio tirada a la orilla del río. Estaba horrificada. Este momento comprobaba el comienzo de grandes cambios que yo iba atestiguar en la sierra. Hasta ese momento los plásticos no habían sido introducidos. Y los fertilizantes químicos apenas estaban llegando a la región. La degradación había comenzado.

Un día Doña Julieta me dijo acerca de algunos doctores que recorrían la sierra a pie. Las noticias de los pueblos viajan rápido. Muchos pobladores dependen de los manantiales naturales de agua pura que vienen de las montañas. Los doctores habían ido a todos los manantiales que podían encontrar, poniendo químicos a los manantiales para "purificarlos". Este era un serio golpe para la región.

Los Mazatecos creen que el agua es sagrada. El agua es vida. Estaba fuera de la imaginación que alguien pudieron manipular el agua. Después de todo, el agua tiene su dueño, Chicón Nandá. Se cree que si alguien daña los elementos de la naturaleza, uno se enferma. Estas enfermedades del espíritu se manifiestan de muchas maneras.

CAPUTULO 18   LOS FRIJOLES MAGICOS

Como un lento silencio la venida de la neblina, un cambio inconcebible llegaba a la sierra. Los mazatecos eran campesinos y gente de maíz. Doña Julieta en sus enseñanzas en la cocina dijo un día, "Nunca comas frijoles sin tortilla", significando tortilla de maíz, ya que esta gente no es gente de trigo. Los frijoles comidos con maíz son una proteína completa y muy nutritivos.

Los campesinos de la región siembran en sus parcelas tradicionales comidas suficiente para alimentar a sus familias, maíz junto con otros verduras, tomates, calabaza, frijoles, café, y también cosechan miel. Todas estas semillas que se plantan eran de las semillas guardadas por generaciones de su banco familiar de semillas. Una buena parte de las noticias que llegaban a la familia era acerca de la agricultura. Los precios de los costales de maíz, o del café estaban fluctuando.

Al principio, los agricultores estaban influenciados por el gobierno para sembrar café para la venta, para aumentar su usual venta de maíz. El café fue una forma de diversificar el monocultivo. Casi todo los campesinos se diversificaron de esta manera esperando salir adelante económicamente. La región tenia mucha pobreza.

Un día Venancio regreso de la milpa, con noticias descorazonantes. Nos dijo que el mercado del café había caído y que el precio que ofrecían por el café era tan bajo que era imposible vender la cosecha y tener una ganancia. Esto hizo que la familia se apretará el cinturón. No había dinero.

Yo tenía mucho interés en sembrar y con mi experiencia en la universidad combinado con las enseñanzas de mis abuelos en su huerto y el tiempo pasado en la granja con mi tío abuelo había algo genético dentro de mi, que necesitaba responder a está situación crítica. La conversación pronto se centro en las semillas criollas.

Venancio había sido campesino toda su vida lo mismo que su padre antes de el. Todos los pobladores eran campesinos excepto por algunos cuantos que decidieron ser comerciantes. La discusión se centro en la economía de la agricultura. Y reduciendo todo a la mayor amenaza que era el problema de como obtener semillas criollas, si se terminaba tu propia semilla, si fallaba la cosecha. Hablamos acerca de las variedades de plantas que se cultivan que eran todas de la región excepto el café. Se decían que algunas de las variedades de plantas comestibles estaban desapareciendo, así como las reservas de semillas.

Hasta ese punto, yo decidí comenzar un actividad que he venido haciendo ahora por más de cuarenta años, el intercambio de semillas. Mi maestra de jardinería en Santa Cruz, Ann, tenía variedades criollas de plantas que fielmente planta anualmente. Una de estas era los frijoles Romas. Cuando el tiempo de la cosecha llegó en su jardín donde yo trabajaba, yo recolecté algunos de estos frijoles.

Regresando a la sierra, al poco tiempo de mi llegada estábamos sentados en la cocina y saqué una bolsa en mis manos. Deteniendo la bolsa y dándoselo a Venancio dije, "Aquí están los frijoles mágicos." Ambos me miraron y se rieron. Fascinados por la forma y tamaño del frijol y mostraron su aprecio. Nunca habían tenido semillas del mundo de afuera. Y después fui a contarles la historia de Jack y el Tallo de los Frijoles y los frijoles mágicos. Le gusto la historia, que nunca habían oído.

En esta región así como en todo el sur de México, los frijoles que más se comen son los frijoles negros. Eran deliciosos, nutritivos, y difícil superar su sabor, ya sea directo de la olla o refritos. Los frijoles Romas son altamente versátiles, porque puedes comerlos en flor, el ejote, o el frijol seco. También la planta produce dos veces, año tras año, sin replantar. Es un buen frijol muy rendidor.

Los frijoles mágicos fueron sembrados en el patio para que las plantas crecieran y pudieran ser vistas por toda la familia. A los niños en especial les gustaron los frijoles porque estos frijoles eran grandes trepadores. El intercambio de la semilla inicial fue el principio de un gran trabajo que iban a realizar años después, a través de los consejos de Doña Julieta. Aunque empece el intercambio con la familia, la verdad era que Doña Julieta me estaba sembrando.

Poco sabía que ese tiempo estaba atestiguando el cambio de la agricultura indígena tradicional, la incursión de fertilizantes químicos, el envenenamiento de los manantiales de la montaña, la pérdida de semillas criollas y de la degradación del medio ambiente en general. Los plásticos apenas estaban llegando a la región. El gobierno estaba impulsando los fertilizantes químicos. Los campesinos que aceptaron usarlos, entraron al la rueda del consumo, lo cual exigía dinero en efectivo.

Muchos de los campesinos que habían usando composta orgánica estaban optando por fertilizantes químicos, que les prometía cosechas superiores. Una división de pensamiento estaba llevándose acabo. Los campesinos estaban endeudándose a causa de los fertilizantes. Cuando el precio del café cayo, las deudas de los fertilizantes no podían ser pagadas. Un gran problema se desarrollo en la región causando desesperación.

Estaba viendo como se veía el hambre. Silenciosa y mortal. La desesperación se manifestaba con el consumo del alcohol para amortiguar las penas. Esto provocaba que surgiera problemas sociales. Una cadena de sucesos que se llevarían acabo muchas veces en las comunidades agrícolas en diferentes lugares del planeta.

Una buena cosecha significaba florecimiento de economía. Cuando la economía estaba tan apretada todo los ojos estaban en los políticos locales para que arreglaran las cosas. En la capital regional de Huautla las emociones eran muy intensas entre las mentes políticas. La violencia no era poco común entre los miembros opositores.

Mientras esta intriga política se desenvolvía, la mayoría de los Mazatecos continuaban su labor, haciendo ceremonias en los lugares de las montañas para asegurarse que los dueños, espíritus a cargo, se les pagara con belleza. Estos pagos eran como un seguro espiritual para el bienestar de la gente.

Oaxaca era uno de los estados más pobres de México. Pobre en dinero pero rico en cultura y semillas criollas. Era un lugar donde muchas fuerzas estaban poniendo el ojo para explotarla. Históricamente se sabe, que cuando Cortés escogió que región de las tierras de México quería para dar como tributo al rey de España, escogió a Oaxaca. El sin saber que Oaxaca contenía uno de los mayores tesoros espirituales del planeta.

Había un nuevo conflicto surgiendo. Era un conflicto de valores, de orientación, de continuar la vida como se había conocido desde los tiempos antiguos. Este conflicto se centraba alrededor de la agricultura y la manera de hacerla. En ultima instancia se centraba en la sagrada semilla criolla de maíz. Nadie podía imaginar el impacto de la biotecnología creando semillas transgénicas introduciéndolas en la cadena alimenticia.

¿Que técnico de Monsanto en Missouri, o Universidad de California Davis, haciendo gene spliceing en maíz y otros organismos no podía entender la conexión de sus acciones y las implicaciones desastrosas en la cultura indígena, y la vida misma en nuestro sagrado planeta Tierra? La caja de Pandora se había abierto. Y estaba viendo algunos de sus resultados terroríficos.

La alteración hormonal en los jóvenes que consumían estos transgénicos, desconocidas alergias en la piel, e incontrolables alergias por la comida en la población en general. En America Latina el consumo masivo de refrescos endulzado con jarabe de maíz transgénico, junto con consumo diario de maíz amarillo transgénico parece ser una combinación desastrosa. Los frijoles mágicos de Ann, combinados con la visión de Dona Julieta, me guiaron hacer una guerrera de las semillas.

Doña Julieta Pineda Pereda

"Nací aquí en Huautla de Jiménez".

Los hongos sagrados de la Sierra Mazateca

Derrumbes - Psilocybe caerulescens

Coatlicue, la mujer de la falda de serpientes.
Una forma artística visionaria de la diosa madre con los sagrados hongos y la simbología cósmica. Mural de Tehuacán, Puebla.

El Doctor Richard Evans Schultes y la colección de artefactos precolombinos en la biblioteca Wasson en Harvard.

CAPITULO 19   CRUZANDO CAMINOS CON LA GUIA

Es una cosa de ir en la busca de un maestro, un guía, aunque sea viajando, caminando, o manejando, que pueda realmente ponerte en el camino. Es otra cosa realmente encontrar un guía, y no solamente cualquier guía si no un auténtico maestro vivo. Las personas tienen ideas de como puede verse o puede ser. Muchos maestros auténticos son totalmente poco convencionales.

Viniendo de mi cultura americana hacia una cultura indígena era como saltando realidades. Mi educación en la escuela dominada por el patriarcado, que también dominaba el lenguaje, los libros escritos y estudiados, distorsionaban el antiguo conocimiento que nos fue entregado. La mayoría de mis maestros en mi educación universitaria fueron hombres.

Afortunadamente yo venía de una familia donde el matriarcado reinaba. Yo buscaba con gran sed aprender y estudiar con estudiosos y gurus en muchas tierras. Después de todo para mi sorpresa, cruce caminos con una auténtica guía y era una mujer. Estaba casada con una familia y era una curandera.

Contemplando esto fui muy afortunada de no sólo conocerla, sino también aprender y ser adoptada por ella. ¿Cuales eran las oportunidades que tenía para viajar a tierras lejanas y cruzar caminos con ella? ¿Cuales eran los conexiones? Y sobre de todo que era que lo me hacía regresar…

Algo tan simple, y que faltaba en mi vida era la oportunidad de recibir las enseñanzas de Doña Julieta. Y no solamente de ella pero también de las plantas de las cuales ella era una emisaria. La profunda conexión, el pegamento energético que estaba buscando, estaba en las plantas de poder.

En los años de mis estudios en UCSC, era tiempo que yo llamaba la Primera Vuelta de la Rueda Psicodélica del Dharma. Estábamos viajando en los pasos de Timothy Leary. Todos estaban leyendo a Carlos Castaneda, y todos querían saber que sucedía con estas plantas maestro. Arriba en el City on the Hill (UCSC), como se llamaba la Universidad de California Santa Cruz, ahí casi todo mundo estaba viajando en alguna sustancia que alteraba la consciencia.

El área del campus era ideal porque estaba localizada en un lugar lejano del pueblo rodeada por un bosque de árboles de madera roja. Grandes babosas amarillas que abundaban ahí, tenían un nuevo sentido, cuando tus sentidos se alteraban por el efecto de las plantas maestro.

Estar alterado era parte del programa. ¿Cual era el fin? Para tratar de llegar ahí a través de otros métodos fue la razón por la cual empece a estudiar yoga. En ese tiempo, muy poca gente se interesaba por esa disciplina. Mi enseñanza fue con mucha disciplina. Así que no fue muy difícil para mí.

Mi deseo de aprender me llevo hacia un auténtico maestro de la India con quien estudié por muchos años. El cuidadosamente guió mis estudios en Ayurveda. Durante el tiempo que fui aprendiz con Doña Julieta tuve la oportunidad para hacer estudios superiores. Viví en la India, y estudié con grandes doctores Ayurvédicos de ese tiempo en la Universidad Hindu de Benarés, en Varanasi. Fue un gran privilegio.

Hay mucho más acerca del cuento de la India, sin embargo basta con decir que fue muy refrescante conocer y estudiar con una auténtica maestra indígena de la tierra de mis ancestros. Doña Julieta era humilde y llena de gracia. Era raro verla perder su control. Era tan dura como tan hermosa.

Conmigo, siempre fue amable y cuando llegaba sin anunciarme, pues en esos días no había teléfono en el pueblo, siempre era recibida con brazos abiertos. Esta era la vida en el pueblo. La gente solo llegaba de repente. Y cuando la gente llegaba de repente, fuera un amigo o un paciente, algunas veces la familia te acogía. Algunas veces por un día, por una semana, o por mas tiempo. Esto es como era. Lo que había se compartía.

Entre la gente nativa, la palabra que domina las actividades con los otros es la confianza. Esta era un gran lección para mi. Del mundo del que yo venía, era una inocente. Confiaba en todos. En el tiempo con Doña Julieta aprendí a través de la experiencia el valor de confiar en los otros. Aprendí a observar el comportamiento y la motivación de los demás.

Cuando estas en una tierra lejana tienes que tener tus antenas de fuera para aver en quien puedes confiar. Una vez cuando viajaba sola a la sierra, estaba esperando un autobús cerca de las tres de la mañana bajo un poste de luz, con unos cuantos nativos. Era tan inusual para ellos ver una mujer sola del mundo de afuera.

Un borracho vino cerca de mi y decidió acercarse y hablarme. Yo estaba sentada con mi mochila sola, esperando y con buen humor aguantando a este tipo. Después de un rato, comenzó a apoyar su cabeza sobre mi hombro y empezó a dormirse. ¡Esto era demasiado! Me paré y vi un camión de carga con el nombre del pueblo de Doña Julieta.

Sabía que el chofer iba hacía el pueblo que estaba a cuatro horas. Y fui a pedirle un aventón. Venía con él un otra mujer en la cabina y le dijo que se moviera hacia la ventana para que yo pudiera sentarme junto a él. Este fue el signo de que en mi inocencia me equivoque. Tenía a dos tipos que eran sus ayudantes, viajando en la parte de atrás del gran camión.

En su salida de las 4 a.m. el autobús que sube a la montaña estaba retrasado. Entonces yo estaba feliz pensando que iba llegar al pueblo en buen tiempo viajando en el camión de carga. El aventón parecía como un regalo en ese tiempo. Así que subimos la montaña.

Había mucha plática durante la cual el chofer me dijo que no iba directamente al pueblo. Iba a llevar carga de otro pueblo a cierta distancia en otra dirección de donde yo iba. Empecé a tener un mal sentimiento.

El camino estaba deteriorado como es usual, e íbamos lentamente en la pesada bestia. Finalmente llegamos al Plan de Guadalupe donde paramos. Nos dijeron que permaneciéramos en el camión. El chofer se bajo y después de unos minutos había un grupo de hombres alrededor de la parte delantera del camión. El me señalaba y hablaba en mazateco.

De alguna manera yo sabía lo que estaba hablando, y sabía que estaba en gran peligro. Apenas estaba amaneciendo. Los hombres estaban viéndome y se reían. Entonces algo llamó su atención y se fueron del camión.

De repente me di cuenta que era mi oportunidad de escapar. Sentí algo que me levantaba del asiento, como si yo no lo hiciera, y brinque hacia afuera del camión. Uno de los tipos estaba en la parte de atrás y le dije que bajara mi mochila y una bolsa extra de regalos. Me vio inquisitivamente pero obedeció mi orden. Agarré mis cosas y justo entonces oí el autobús.

Paró el autobús cerca, y fui hacia la puerta cargada con mis cosas. Cuando trate de subir el primer escalón el peso de mi equipaje me jaló hacia atrás. Sentía manos invisibles empujándome desde atrás. Entonces, dos jóvenes nativos vinieron de atrás del autobús y me dieron sus manos para ayudarme. Esto es muy poco común.

Agradeciéndoles giré hacia el primer asiento al lado de la ventana. Pensé que estos jóvenes debían de ser ángeles. El conductor del autobús se retraso por unos cuantos minutos antes de salir. En la espera, el chofer del camión de carga se dio cuenta que me había ido, hechando a perder su plan. Estaba muy enojado. Podía a verlo furioso.

Mandó a su asistente al autobús a decirme que me bajara y que volviera al camión. Le dije que enfáticamente que no. Entonces comenzó acosarme insistiendo que tenía que pagar el chofer el aventón. Fue tan molesto que hizo que todo el mundo en el autobús se preguntara que estaba sucediendo. El conductor del autobús comprendiendo, se arrancó. Arroje de la ventana unas monedas y el tipo afuera seguía gritando. ¡JIUWW!

Acomodándome para el resto del viaje, continue por varias horas hasta que tenía que bajarme en el puente. Era muy temprano en la mañana cuando me baje del viejo autobús escolar que era el único transporte público. Me despedí de mis ángeles antes de que ellos siguieran hacia Huautla y agradecí al conductor.

Ahí estaba con dos maletas pesadas y ante mí una hora de subida. Por suerte había dos jóvenes que se habían bajado al autobús al mismo tiempo y que también iban al pueblo. Después de un poco de plática, diciéndoles a quien yo iba a ver, les pedí ayuda para cargar mi equipaje. Uno de los jóvenes sonrió con conocimiento y de manera voluntaria cargo la bolsa más pesada. Yo cargué la otra. Era una subida difícil. Estaba jadeando en el sendero, sin haber comido ni bebido por horas.

Debido al peso de mi bolsa me tomó mas tiempo cubrir el trecho. Finalmente entrando al borde del pueblo en el camino hacía a la casa, me dejaron y tuve que cargar el resto del camino mi equipaje sola. Luché con el peso y llegué hasta la entrada de madera gastada de la puerta de la entrada del patio.

Tocando fuertemente, finalmente alguien vino a la puerta. Era Chavela. Sonriendo me ayudó y me llevó a sentarme en la cocina. Doña Julieta todavía no había bajado. Chavela fue a buscarla. Cuando vino solo de verla me brotaron lágrimas. Chavela corrió a hacer café. Doña Julieta me abrazó, y me dejó llorar liberando la energía. Estaba tan feliz de haberlo hecho.

Me calmó y después de un poco de café empecé a contarle el cuento de mi aventura para llegar allá. Le conté del camión y del conductor. Mientras le contaba, ella inspiró. Me miró y me dijo, "Yo se quien es, te hubiera matado."

CAPITULO 20 CONFIANDO EN EL CAMINO

Una vez que tienes un guía auténtico es necesario entregarse totalmente al camino. Algunas veces haces un plan y de repente se disuelve. Cualquier tipo de pensamiento rígido tiene que ser tirado por la ventana. Tienes que aprender a cambiar las velocidades rápidamente. Zig en lugar de zag.

Había hecho planes para regresar a Doña Julieta y su familia para Navidad. Llegando a la ciudad de México conecté con Hippie que ya había crecido. El plan inicial era viajar con el hasta el pueblo, supuestamente saliendo en el último autobús de la noche.

Mi idea era viajar en dirección a la Sierra Mazateca. Me dijeron que teníamos que subirnos en un autobús para conectar con ella al sur de Oaxaca. ¿Sur de Oaxaca? Gran cambio de planes de mi idea de pasar unas vacaciones pacíficas en el pueblo.

Lo que me tocaba era totalmente inesperado, y una verdadera prueba. Hippie me explicó que toda la familia se había reunido en las afueras de la ciudad de Oaxaca para celebrar el bautizo del primer nieto. Viajamos muchas horas y llegamos a un pueblo en celebración. Muy cansada, encontramos un hotel y pasé la noche.

Oaxaca es una de los más hermosos lugares en tiempo de Navidad. El tiempo es excelente, y hay muchas cosas inusuales como La Noche de Rábanos. Este es un concurso para ver quien hace los mas ingeniosas esculturas de rábanos. Hay muchos tamaños de rábanos cultivados ahí y el arte que se realiza con estos rábanos era sorprendente. Mucha gente venía del campo para ver esto, así también visitantes internacionales que conocían del evento.

Después de un descanso, nos comunicamos con uno de los hermanos que nos dijo que fuéramos a la casa del hermano mayor en un pueblo como media hora de la ciudad. Así que nos fuimos en taxi. Llegamos a una gran escena familiar. La casita difícilmente podía caber todo los miembros de la familia. Había muchos niños corriendo alrededor. Doña Julieta y la familia estaban contentos que hubiera llegado a la fiesta. Ella estaba en buen humor ya que había llegada de una peregrinación a la Virgen de Juquila.

Era la Noche Buena y la manera que se celebraba era muy diferente de lo que yo había experimentado. Algunos miembros de la familia habían viajado de lejos para llegar ahí, y no habían visto al resto de la familia por mucho tiempo. Así que era un gran centro de reunión entorno al bautizo del pequeño Gerardo. Aún estaba cansada del viaje así que todo el alboroto era demasiado para mí. Pensé quedarme algunas horas y luego regresarme a mi hotel en la ciudad, pues no había lugar para dormir en la casa. Estaba al punto de reventar con la familia.

Doña Julieta siendo la gran matriarca estaba dirigiendo el show. Los hermanos juntaron dinero y compraron mucha comida. Antojitos iban y venían y las bebidas fluían. La tarde avanzaba y yo comenzaba a desmayarme. Pedí a los hermanos que me llamaran un taxi.

Después de esperar un rato, me dijeron que no había transporte para regresar a la ciudad. Así que tuve que conformarme y aceptar todo. Tantas historias, tanta música, tanta comida, tanto trago, todo el mundo estaba de fiesta. El tiempo fluyó hasta casi medianoche.

Yo pensé que para este momento la gente iba a quererse dormir, pero no. Justo cuando estaba comenzando a ambientarme con lo que estaba sucediendo, cerca de la medianoche, salió Doña Julieta al patio con gran cantidad de carne lista para ser cocinada. ¡Había empezado un asado de medianoche para toda la familia de cerca de veinte gentes! ¡Increíble!

A medianoche comenzaron a tirar cuetes y la gente estaba afuera celebrando. En el patio de la casa todos estaban reunidos y felizmente brindando. Parecía que todo el mundo había agarrado el segundo aire y estaban listas para el siguiente round.

Ahí estaba la gran mamá cocinando para todos a medianoche. Había mucho ruido de cuetes y celebración. Todo los niños estaban corriendo alrededor y se rompió una piñata que causo gran alegría a todos.

A todos los niños les taparon los ojos y a cada uno le toco su turno para tratar de romper la piñata, colgada con un mecate suspendido de una rama de un árbol. Había mucho regocijo. Cuando con el palo se rompió la piñata el contenido cayo alegrando a los niños que se aventaron a recoger los dulces.

Doña Julieta termino el asado y todo mundo comió una gran comida. Cuando acabé de comer, vino hacia a mi. Tomo mi brazo y me llevó a un rincón tranquilo y señalo las estrellas tintineando en el cielo de la noche clara.

Ella empezó a explicarme acerca de las estrellas y sus nombres en Mazateco. Tenía una mirada en sus ojos hacia el infinito, estaba como en éxtasis. Se acercó a mi. Y en este estado permanecimos por un momento después de estar en éxtasis, se rompió este estado por la llegada de uno de los miembros de la familia.

Jalándola, fue a compartir con los otros niños. Todo mundo estaba muy contento. La fiesta continuaba con música y baile.

Conforme pasaba el tiempo mi batería se bajaba, y realmente quería irme. Una vez más se lo mencioné al hermano mayor, y me dijeron que no había taxis por lo menos en algunas horas. Así que tenía que esperar. No me dejaban salir a la calle sola.

No estaba preparada para este nivel de fiesta. Esta era mi curva de aprendizaje, porque cuando se lanzan a una fiesta como esta en Oaxaca, dura hasta la madrugada. Por naturaleza, no soy de mucha fiesta, pero ahora me tocaba ser de otra forma. Todos los miembros de la familia estaban hablando, bromeando, bebiendo y bailando. Era muy vivo.

Llegaron las cuatro de la mañana y estaba frita. No podía comer ni beber nada más. Estaba hasta el tope. Realmente quería irme. Solo quería dormir. Finalmente, después de un rato, se encontró un transporte y me fui despidiéndome de la familia hasta el día siguiente.

Llegué a mi hotel después de la madrugada en una mañana de Navidad. Caí en la cama y tuve un sueño profundo. Antes de mediodía el hermano mas joven vino a buscarme. Fuimos a la calle para disfrutar las fiestas en el Zócalo. Había tanto color, música y mucha gente. Era muy alegre.

Un poco mas tarde regresamos a la casa del hermano mayor, donde la fiesta continuaba después de que todos habían tenido unas horas de sueño. Una vez más acogida por la familia, volvió a fluir la comida y la bebida. Había muchos cuentos y mucho que platicar entre los hermanos y las hermanas.

Pasaron unas horas y fui invitada para viajar con Doña Julieta y algunos miembros de la familia para visitar a un maestro alfarero en otro pueblo vecino famoso por su alfarería negra. Cuando llegamos, nos estacionamos y caminamos hacia su sala de exhibición. Estaba muy sorprendido y totalmente feliz de ver a Doña Julieta. Ella lo había curado de una enfermedad y sentía gratitud hacia ella. Mientras hablaban caminé viendo las hermosas creaciones. Hacía grandes ollas, de tres o cuatro pies de altura hermosamente bruñidas.

Después de un rato, nos fuimos todos muy felices. El sol calentaba mientras yo fui en la parte de atrás de la camioneta con los niños. ¡Ah Oaxaca! Regresamos a la casa y decidí tomar mi espacio y regresar a mi hotel. Ellos continuaron la fiesta.

Doña Julieta me dijo que nos encontráramos a la mañana siguiente para el bautizo. Así que a la hora exacta aparecí quedándome en la parte de atrás de la multitud que estaba en la iglesia. ¡Después de una breve ceremonia me di cuenta que había otro round de fiesta!

Fuimos en masa a un lugar privado que habían rentado para llevar acabo la fiesta. Llegamos al lugar y fuimos acomodados bajo una gran lona blanca, casi como una tienda de circo. Ahí más miembros de la familia extensa aparecieron para el gran reventón.

Una vez más después de un rato, para mi era suficiente. Así que le dije a Doña Julieta que me iba. Le dijo a los chicos que me consiguieran un taxi. Les dije que tomarían el autobús, ya que el lugar estaba cerca de la carretera que llevaba a la ciudad. No escucharon e insistieron que esperara hasta que encontraran un transporte. Comenzaba a perder la paciencia porque muchos de los hombres estaban borrachos de aguardiente. Verdaderamente estaba totalmente fuera de la fiesta. Finalmente llego el transporte hacia la noche, y regresé a mi cuarto. Agradecí haber llegado sin problema y haberla hecho durante estos últimos días.

Temprano la siguiente mañana la familia me recogió y me

mandaron al mercado a comprar carne fresca que llevaríamos a la casa. Otras cosas que compramos fue pan dulce y verduras para tener suficientes provisiones para todos para el Año Nuevo. Es una Navidad que nunca voy a olvidar.

CAPITULO 21   LOS ZAPATITOS BLANCOS

Fue un largo viaje en la parte de atrás del camión de carga, todo el camino hasta las montañas. Me dieron el asiento de lujo encima de dos colchones junto a unas bolsas que me protegían del viento. Cielo azul claro y tiempo perfecto. Fue un gran paseo.

La única dificultad fue que la gasolina aveces se fugaba del gran tambo cuando topábamos con los baches. Estaba contenta de no asfixiarme. En la tarde nos encontramos en Teotitlan del Camino esperando para tomar gasolina en una larga cola de vehiculos en la última gasolinera antes de subir a la sierra.

Me pare en la parte de atrás del camión de carga viendo hacia afuera, y vi a la distancia que una gran tormenta venía. Grandes nubes negras cargadas. Otras gentes en la cola también se dieron cuenta. Golpié en el techo de la cabina y le informe a la familia que estaba adentro. Mientras que esperábamos por la gasolina, pusimos una gran lona bien amarrada en la parte de atrás del camión cubriendo todo. Había suficiente espacio para que pudiera ver hacia atrás. La noche empezaba a caer, y empezábamos a subir la montaña. Me di cuenta que el viento estaba llegando con mas fuerza. Viajamos por un rato.

De repente el camión se paró. Ese fue el primer obstáculo. Paco trato de echar andar nuevamente el camión pero no arrancaba y finalmente brincó del camión y me pidió que le aventara su impermeable que estaba atrás. Me di cuenta que no tenía una linterna. En ese instante me di cuenta que mi intuición me había dicho antes que saliera para México. Lleva linternas extras.

Ahí estábamos a media Sierra Mazateca atorados en la total obscuridad en un chubasco. Gracias a Dios traía conmigo varias linternas desechables. Antes de terminar el viaje las habíamos terminado salvo una.

Busqué en todas las bolsas que llevaba en método Braille en total obscuridad y localice mi montoncito de linternas. Le di una a Paco. Miró el tanque de gas y tratamos de sifonear gas del tambo de gasolina amarrado atrás, sin mucho éxito inicial. La lluvia caía a torrentes. Quien sabe cual era el verdadero problema.

El que Paco fuera mecánico me hacía sentir mejor frente a esta situación. Pero la gasolina simplemente no entraba a el tanque. Seguramente había un pañon en la línea. Me dijo que el tanque de la gasolina en el camión estaba vacio. Finalmente la gasolina comenzó entrar a el tanque. Paco trabajo muy duro en esto.

Después de poner el resto de la herramienta en el camión arrancamos hacia a las montañas con el rugido del camión. Aliviados y extáticos volvimos a movernos. Saqué mi cabeza afuera, en la parte mas trasera de la lona y deje salir un grito ¡YEE HA! El poder del grito fue absorbido por el viento que soplaba y la violenta lluvia en la espesa obscuridad.

Fué una de esas noches que no era para humanos ni para bestias. Caía una tormenta y estaba bastante frío. Las nubes se cerraban sobre el camino y aun cuando el camino había sido pavimentado, en ese tipo de clima y en ese tipo de curvas tortuosas, era bastante peligroso. Viajamos un buen tramo en el camino pavimentado y finalmente después de muchos kilómetros, sentí que el camión disminuyó su velocidad hasta el punto que nos sacó del camino pavimentado.

Este era el punto donde nos desviamos cerca del río crecido, donde empezamos a subir hacia el pueblo. Había oído antes de dejar Oaxaca habiendo recibido noticias de nuestra casa en las montañas, que el camino hacia el pueblo estaba completamente cerrado debido a la lluvia y el lodo.

Había un plan alternativo que tomáramos para llegar al pueblo, un camino que estaba atrás. El camino sería mas largo y tortuoso, desde el Plan de Guadalupe. Yo creí que Paco había tomado esa ruta pero cuando salimos del camino pavimentado me di cuenta que había tomado la ruta normal y pensé lo que nos esperaba mas adelante.

Para ese momento la lluvia comenzó a ceder pero el lodo era profundo en algunos lugares y muy resbaloso. No sabía exactamente que hora era, pero era bastante noche. Habíamos estado en el camino por lo menos diez horas.

Una vez que pasamos la parte plana por el río y comenzamos a subir en la primera curva, empezamos a tener verdaderos problemas. De repente sentí que el camión se resbalaba hacia los lados. Tenía una sensación peculiar en mi estomago que había sentido muchas veces al subir por estas montañas. Estaba sintiendo un gran sensación de peligro.

Recordaba que siempre era un peregrinaje cada vez que subía la montaña con lluvia. Desde luego ahora los caminos han cambiado y habían mejorado, no era nada como en el pasado. No hacía mucho tiempo para llegar al pueblo.

Durante años pasamos valientemente serios peligros al viajar por caminos lodosos de un solo carril en la profundidad de la noche. Lo que siempre recuerdo es que la Madre Naturaleza era tan fuerte en esas montañas que ningún hombre o máquina podía conquistarla.

Mientras el camión se deslizaba hacia los lados, se detuvo. Oía a Paco y Venancio bajarse y checar la situación entonces oí a Julieta bajarse. Estaba usando su mejor vestido que había usado el día anterior en Oaxaca para el bautizo de su nieto, con sus pequeños zapatos de tacón blancos. Había una pequeña discusión sobre que hacer.

Saqué mi cabeza fuera de la parte trasera del camión para estudiar la situación. En una parte inclinada el camión se había resbalado en el lodo y estaba justo en la orilla del camino. En la mera orilla del camino estaban apiladas un montón de rocas y de ahí había una bajada profunda hacia abajo.

Por meses se había hecho el arreglo de la carretera por bulldozers haciéndose camino al pueblo, para enderezar y aplanar el sendero que una vez transitaron los burros. Así eventualmente los pavimentadores podían venir y poner asfalto. Pero cuando el trabajo comienza en las montañas nunca sabes cuando las cosas se van a completar. Seguro cuando el camino era cortado por los bulldozers y sin poner grava, cuando las lluvias venían el camino tenia serios obstáculos para los que viajaban sobre ruedas.

Había mucho discusión sobre que hacer. Las pocas pequeñas linternas disponibles daban muy poca luz para ver lo que sucedía. Mejor dicho, la situación era precaria.

Estábamos a diez pies para salirnos de la orilla de la carretera. Baje del camión y todos estábamos alrededor en el lodo, tratando de decidir como salir de la situación en la que estábamos. Chequé mi reloj, y era medianoche, totalmente obscuro en las montañas, y pensé para mi misma, tan cerca pero tan lejos del pueblo.

Estábamos a buenos treinta minutos, y comencé a imaginar cuanto tomaría para llegar al pueblo desde ahí. Y luego empecé de pensar, que pasaría con todo el equipaje pesado que estaba en la parte trasera del camión, especialmente mis bolsas que estaban llenas de provisiones y regalos que había traído de los Estados Unidos.

Lancé mi atención y energía a Doña Julieta quien camino adelante del camión y comenzó hacer su magia. Saco su San Pedro, una medicina de protección, y lo arrojó hacia el camión y comenzó a rezar en voz alta en mazateco. Realmente era algo de verla frente a las luces del camión, encasillada en la neblina a la distancia. Lo único que era visible eran sus pequeños tacones blancos, aparentemente sus pies sin cuerpo, caminando en el lodo profundo arrojando su medicina hacia el camión.

Venancio y Paco estaban decidiendo cual era la mejor manera para sacar el camión de este predicamento. Yo también me chequé y decidí opinar, habiendo antes manejado por años en esas montañas y habiendo estado en situaciones similares.

Era realmente difícil de verlo, sabiendo que un falso movimiento sería el final para el camión. Las gruas no están a la mano en estos lugares. Un error no solamente termina con tu camión por un largo tiempo si no también te cuesta un dineral salir de tu error.

Hablé con Paco y le di mis ideas acerca de como debía tratar de sacar el camión bajándolo entero. Era muy riesgoso y la situación era muy pero muy intensa. Por fin nos pusimos de acuerdo sobre que hacer.

Le dije a Paco que teníamos que bajar pulgada por pulgada porque cualquier velocidad causaría que el camión se resbalara aún más. Estaría completamente fuera de control ya que el lodo cubría las llantas. No había que hacer ninguna tracción, aún cuando teníamos solamente ligera inclinación. Finalmente se decidió que

Paco trataría de hacerce un poco para atrás y nosotros íbamos a empujar al lado derecho. No creía dentro de mí que esto iba a funcionar porque éramos unas pequeñas hormigas en comparación a este camión como montaña.

Sin embargo todos salimos del camión y el empezó a soltar el freno. Y por alguna razón milagrosa nuestra ligera peso contra el camión fue suficiente para enderezarlo. Resbalando como estaba, nuestro peso fue suficiente para empujar el camión y así pudimos poco a poco rodarlo camino abajo. Estábamos empujando el camión y rezando.

Noté que las luces de dos camionetas pickup se habían parado al principio de la subida. Esas gentes habían viajado a la ciudad de Tehuacan y regresaban a las montañas. Para mí era un milagro que hubiera detrás de nosotros gente en ese camino y a esa hora.

Como las cosas me suceden, los ángeles aparecieron justo cuando los necesitaba, y esto de seguro, era uno de estos casos. Ambos pickups venían de nuestro pueblo. Habían salido por negocios y estaban regresando tan tarde.

Milagrosamente pusimos en reversa al camión hasta una parte plana de la colina. Las otras personas de las camionetas pickup nos ofrecieron darnos un aventón al pueblo. No obstante uno de los camionetas estaba literalmente llena con mercancía que habían comprado para traer al pueblo.

De alguna manera nos arreglamos para poner todas mis maletas y los víveres en la parte trasera de la camioneta pickup. Doña Julieta se sentó adelante. Y los demás nos amontonamos atrás entre muchos hombres, pobladores locales, que estaban ahí. Y entonces arrancamos para subir a la montaña.

Fuimos en caravana con la otra camioneta detrás de nosotros.

Todo el camino hacía arriba era resbaloso. Las cosas estaban amontonadas alrededor de nosotros. La camioneta dio un tumbo hacia adelante, las cosas cayeron y yo me agarré de lo que pude. Todos atrás estábamos tensos sabiendo que la camioneta podía pararse en cualquier momento debido al lodo.

La camioneta estaba totalmente llena, seguramente sobrecargada. Yo estaba sentada encima de guacales de gallinas. De repente la camioneta empezó a serpentear en el lodo. Espontáneamente salieron de mi boca oraciones en voz alta pidiendo que se quitaran todo los obstáculos. Todos los hombres me miraban incrédulos. Y continué rezando solamente queriendo llegar a salvo. La subida llena de brincos parecía interminable.

De repente, estábamos ahí, llegando sanos y salvos a la puerta de la casa de Doña Julieta y Venancio. La carga fue descargada, y el pickup se fue. Ella abrió la puerta con fuerza. Ahí en la tenue luz, frente a nosotros, había un nacimiento con una estatua de niño Jesus del tamaño de un bebé. Dona Julieta dio unos pasos y se arrodillo adorando al niño Cristo en gratitud por haber llegado con bien.

CAPITULO 22 FUERA DE MI ZONA DE CONFORT

Doña Julieta comenzó a enseñarme acerca de las plantas medicinales de su propio jardín. Había muchas variedades de plantas que yo no había visto antes. Tenía un jardín en la parte de arriba en su patio y otro en un pequeño cuadro en la parte baja de la casa.

Ella era una maestra de herbolaria, y en sus jardines había gran variedad de plantas psicotrópicas. Las montañas eran verdaderas farmacias vivientes. Empecé a aprender de las plantas medicinales con mi abuela cuando era niña, y después en California.

Algunos de mis primeras memorias fueron que me enviaron a recoger plantas al jardín. Aprendí de hierbas y verduras. Más adelante aprendí las diferentes tipos de frutas del jardín. A mi abuela le gustaba especialmente sus flores, y mayo era el mes de muchas flores dulces y olorosas, las cuales yo recogía. Dentro de mi familia éramos gente de plantas.

Junto con las plantas medicinales en el jardín de Doña Julieta había hierbas que se usaban para la cocina. Las flores se plantaban entre las plantas verdes. Comenzando por las hierbas culinarias empecé a preguntar sobre sus propiedades.

Me hacía probar muchas plantas, y me explicaba sus usos. Doña Julieta abrió una enseñanza continua. Una planta en particular llamó mi atención. Su tallo era cuadrado. Esta era una de las plantas aliada de los hongos sagrados, Skaa Pastora (las Hojas de la Pastora).

Para aprender apropiadamente el poder de las plantas, tienes que pasar por varias limpiezas. Una de las primeras que tuve que aguantar fue la purga. Un día Doña Julieta decidió que era tiempo de empezar la limpieza. Ella recogió unas hojas verdes y las molió en el metate, mezclando en un vaso la pulpa verde con agua del manantial. Me llamó y me dijo que lo bebiera.

Tomé la cosa verde tan rápido como pude. Mi mente no tenía punto de referencia para saber con anticipación los efectos, cuando de repente el cuerpo tomo posesión. Masivas olas de contracciones golpearon mis tripas. La letrina estaba en la planta baja, bajando unos escalones. Estaba muy lejos para ir en la condición en la que estaba. La bebida provocó una gran nausea y al mismo tiempo tenía corre que te alcanza.

Salté por la puerta del patio hacia el establo de la mula y al lado de las paredes de madera, tan rápido como pude me baje los calzones, sentí como que estaba explotando. Mis tripas golpeados por olas de intensidad incontrolable. Ahí estaba agarrada de un árbol para no caerme. Su sombra era mi único confort del intenso sol.

Cuando mis tripas se calmaron un poco, mi estomago fue golpeado en seguida. Una y otra vez, hasta que sentí que había sido purgada en todos los niveles. Mi mente se sentía purgada como si algo grande estuviera saliendo con cada trancazo. Las hojas me hicieron desmayar y perder el equilibrio. Sentía alivio de tener al árbol ahí. Más y más salió hasta que me sentí realmente acabada. Difícilmente podía cuidarme.

Doña Julieta salió para checar mi progreso. "¿Ay mamá que me diste?" Me miró, y empezó a estudiar el suelo, donde yacían los restos verdes salidos de mis tripas. "Um, bien, muy bien", dijo. Yo todavía estaba girando.

Me ayudó. Yo era un asco. Me llevo agua para limpiarme, y entonces me hizo un té de hierbas sanador. Poco a poco empece a recuperarme. Esto era el comienzo de mis encuentros cercanos con las plantas. "Y esta fue media dosis" dijo, con una sonrisa traviesa.

La purga es una parte integral de la medicina tradicional nativa. Purgas de amplia variedad han sido usadas históricamente por la gente indígena para aliviar muchas enfermedades. Mi iniciación en este proceso comenzó unos años antes de llegar a la sierra cuando practicaba pancha karma (las cinco limpiezas yógicas). Estas cinco prácticas de purificación yógica algunas usan para la limpieza física, algunas con agua salada que produce vomito y diarrea. A través del tiempo, y con la practica aprendí a vomitar bien.

Como es costumbre en muchas casas indígenas de Mesoamerica, Doña Julieta tenía un temazcal. El temazcal es usado para limpiar y curar a través de vapor húmedo y hierbas, oración y canción. Usado desde la época precolombina, era una parte integral de la espiritualidad nativa.

Cuando Cortés vino a México prohibió los temazcales bajo pena de muerte. Sus sacerdotes pensaban que en estos lugares era donde los nativos conversaban con el diablo. El temazcal se convirtió en un objeto de represión y también se convirtió en símbolo de resistencia. Yo había hecho temazcales en el norte y quería estar en un temazcal.

El temazcal estaba en la parte de abajo de la casa. Era una área más privada donde uno no podía ser visto. Llego mi momento y una tarde Doña Julieta me dijo que íbamos a tener un temazcal. A la hora citada bajamos las escaleras pasamos la letrina, el guajolote, y no lejos también el cuchi (cerdo).

Ahí frente de mi estaba una choza pequeña rectangular a la

altura de la cintura, hecha de piedra y barro, con una puerta baja cubierta con una cobija. En uno de los lados un fuego con brazas ardientes que calentaba a una pared de piedra externa al temazcal. El fuego fue encendido por Chavelita, la anciana.

Rápidamente nos desvestimos y Chavelita levanto la cobija de la entrada. Doña Julieta entró primera. Yo entré a gatas después de ella, y dijo, "Acuéstate junto a mí en el petate". Con nuestras cabezas apuntando al lado opuesto de la pared de fuego, el interior del temazcal apenas acomodo nuestros cuerpitos.

Chavelita se inclinó doblada en la entrada, con la cobija sobre su espalda permitiendo que entrara solo la suficiente luz para apenas verla, y empezó a curarnos. Ya estaba bastante caliente adentro, el espacio apretado y cerrado, la obscuridad nos envolvió. Entonces empezó a hechar agua a la pared ardiente.

En una pequeña olla de barro con agua en frente de ella sobre la tierra, flotaba una jícara del tamaño de un melón, como aquellos que crecen en la costa cortada a la mitad y secada. Estábamos en silencio, acostadas sin movernos. Poco a poco sin decir una palabra comenzó a tirar agua con la jícara hacia la pared de piedra, cerca de nuestros pies.

Una explosión de vapor cayo sobre nosotros. Entonces el siguiente jicarazo golpeó las piedras haciéndolas chisporrotear. El único sonido era el silbido de las piedras. Era muy intenso, yo tenía mis ojos cerrados y cuando los abrí, ví a Chavelita agachada en la puerta cubierta con la cobija, media parte de su cuerpo adentro y media parte afuera del temazcal. No sabía como podía aguantar el calor. Parecía indestructible.

Otro jicarazo y el vapor mas intenso, Doña Julieta me dijo que me volteara. Nos volteamos al unísono, ahora boca abajo. Sin una palabra, de repente sentí el látigo de ramas con hojas, sobre mi espalda y hacia abajo a lo largo de mi cuerpo. Cada latigazo hacía que mi cuerpo se encogiera y se tensara, y luego con el calor se volvía a relajar.

Doña Julieta recibía los mismos latigazos que yo. Recibimos sobre nosotros varias veces esta planta medicinal, y luego más vapor envolvió nuestros cuerpos. Para entonces estábamos sudando bastante. Chavelita dijo algo en mazateco. Le pregunte, "¿Que dijo?" Doña Julieta respondió, "Quería saber si tu aun estas viva".

Después de algunos jicarazos más las rocas empezaron a enfriarse. Nos volteamos y se levanto la cobija que estaba sobre la puerta, y salimos a gatas. Bastante desgastadas, fui recibida por uno de los niños que me dio una sábana para envolverme y no dejar que el aire penetrara. Fui llevada a una cama y envuelta apretadamente desde la cabeza hasta los pies. Encima de la sabana me cubría una cobija.

Para mi esto ya era demasiado. Los mazatecos usan lo que yo llamo el método de sudación de doble cocimiento. El temazcal se prolonga después cuando te cocinas nuevamente en las sábanas. Yo no estaba preparada para esto.

La intensidad del interior del temazcal me llevó mas allá de mis limites. ¿Pero que es esto? Permanecía acostada como me dijeron y sin destaparme hasta que me enfriara. Apenas podía moverme y me sentía como si estaba en una olla de presión. Cuando ya era imposible de aguantar sintiendo que iba explotar, luché para liberar mis manos, mi cabeza y mis pies para permitir un poco de aire que enfriara mi cuerpo. La sábana estaba tan apretada que tuve que luchar para liberarme. Una vez destapada inmediatamente miré hacía el tanque de agua en la parte baja que se usaba para bañarse y brinqué en la agua que salía de la tubería.

Con el tiempo se volvió mas difícil conseguir leña para el temazcal. Las montañas estaban siendo cada vez mas atacadas. La madera es una de las necesidades básicas para la gente que viven en el campo. Esta cambiando, usualmente se veía a los campesinos regresando a sus tierras con sus burros y sus mulas cargadas de leña. Los árboles, el agua y las cosechas eran signos que contaban esta historia.

CAPITULO 23   EL CAMINO DE LA MEDICINA

En el estudio de las plantas curativas, todas las plantas son consideradas como medicina. Algunas de las acciones de las plantas se puede aprender en los libros. En la medicina tradicional nativa o curanderismo, hay muchos tipos de plantas, hongos, cactus, minerales, reptiles, insectos y otros animales.

Aprender sobre plantas con una curandera era un largo proceso y se aprendía por experiencia. Para mí las purgas era algo muy difícil. Las diferentes terapias, incluyendo el temazcal, las limpias, las sobadas, las purgas, las hierbas, la lectura del tiempo, la adivinación, el uso de los animales, el ahuyentar espíritus, extracciones, los consejos, el recobrar del alma, eran administrados de acuerdo a la necesidad de cada paciente.

Estando en la casa de Doña Julieta por algún tiempo me permitió ver como se vivía la medicina tradicional. Venían pacientes de todo tipo de padecimientos, algunos desde grandes distancias caminando o a caballo. Ser un doctor nativo tradicional, una curandera, no era un trabajo fácil. Ella servía a la comunidad y también era partera.

Lo que era muy sorprendente de Doña Julieta era su energía. Era verdaderamente asombroso como podía realizar tanto con tantos, curando, cocinando y cuidando a la familia. Muchas veces su día comenzaba antes de que amaneciera y cuando se hacían ceremonias, estaba levantada hasta muy tarde.

El camino de la medicina de Doña Julieta que practicaba estaba enfocado en los hongos sagrados. En nuestras múltiples platicas de la medicina mágica me decía, "Es una panacea". Ella me explicaba desde los tiempos antiguos, la gente en esa región usaba los hongos sagrados para curarse. Cuando no había otra medicina disponible, los hongos sagrados se usaban.

El uso ritualístico de las plantas de poder para curar a la gente pertenecía a los chamanes, mejor conocidos en la región como los sabios, curanderos o curanderas, que trabajaban desde milenios en muchas culturas de la tierra. El propósito de uso de plantas de poder es abrir bloqueos energéticos dentro el cuerpo y la mente.

Sin embargo el principal propósito del uso de las plantas de poder por los chamanes o los pacientes es para tener un despertar espiritual a través de la revelación, que muchas veces toma la forma de catarsis, como provocando un completo cambio de consciencia y una profunda curación. Este cambio se logra a través de la medicina sagrada y los rituales que realiza el chamán.

Las plantas de poder son todas plantas psicotrópicas y algunas enteogénicas. Estas últimas permiten un acceso directo a lo divino. En este reino de otras plantas sagradas son los cactus, los hongos y bejucos. Estos crecen en las montañas, desiertos y selvas. Muchas de las partes de estas plantas preciosas se usan desde la raíz hasta las semillas. Varias especies son de diferentes climas y condiciones y se recolectan de acuerdo a la estación, la hora del día, y las fases de la luna. En algunas regiones solamente jóvenes vírgenes recolectan estas plantas.

Los guardianes de las tradiciones de estas plantas sagradas espirituales han sido rigurosamente entrenados para usarlas y evitar el sufrimiento de serias enfermedades físicas y mentales. Este entrenamiento incluye un largo uso de estas plantas de poder bajo la supervisión de un chamán que es un maestro que propicia, manipula y controla las fuerzas energéticas, los espíritus, y los fenómenos psíquicos. El sabio (sabia) es el intermediario entre lo sobrenatural y lo mundano.

El aprendiz debe aprender a usar las medicinas, ayudar al curandero o curandera, y el paciente durante las ceremonias. La resistencia es esencial. Largas prácticas de austeridades físicas, disciplinas mentales y espirituales son requeridas. El no quejarse. Al aprendiz algunas veces se le pide que tome las plantas de poder con el paciente para ayudar al curandero o curandera en el diagnostico o para canalizar el tratamiento. Así también el aprendiz tiene que recolectar los materiales que se usa en el ritual y aprender la construcción de altares, las canciones, los cantos, y los pasos energéticos.

Hay tres principales variedades de hongos sagrados que se usan en la región. Pajaritos, San Isidro, y derrumbes, estos son los nombres por los que se les conoce. También son llamados payasos o niños. Algunos son llamados niños santos. Muy apreciados y poco comunes son los camotes (sclerotia). En general todos son conocidos como hongos.

Los mazatecos son una cultura que hasta ahora siguen la medicina sagrada de los hongos. La Sierra Mazateca aun contiene una cultura de sabios, manifiesta en el curanderismo con este conocimiento sagrado intacto. Entre la gente indígena se habla en voz baja y reverencial de estos hongos enteogénicos.

Tradicionalmente, las curaciones que hacen con estos hongos sagrados se hacen en una ceremonia llamada velada. La ceremonia es lo mas importante. El mejor tiempo de la ceremonia es la noche cuando la calma de la obscuridad ayuda a los viajeros y al doctor de los hongos para hacer la adivinación. Hecho esto al inicio nos indica cuantos hongos deben ser comidos. Los hongos sagrados siempre se comen enteros y en pares.

Realizar la ceremonia con un guía entrenado es esencial. Usualmente el doctor de los hongos recibe la transmisión a través de un linaje familiar. Uno puede haber nacido en la familia o ser adoptado. Los secretos de la medicina y las terapias son estrictamente guardados.

La preparación era necesaria antes de la ceremonia y estos preliminares, así como que el paciente necesita hacer después de la ceremonia, eran importantes para el proceso de curación. El guía ayuda al paciente con todos estos detalles. Algunos detalles antes de la ceremonia incluyen ayuno, una dieta especial y purgas del cuerpo. Dependiendo de la enfermedad que se va a curar es el numero de ceremonias medicinales que se harán. Entre mas difíciles son las enfermedades, mas ceremonias se necesitan. Después de la ceremonia, se indica tomar un día de descanso total sin mucha plática, y sin viajar, para que las energías del cuerpo puedan reintegrarse y balancearse.

Se hace una purificación con humo de copal y se dan una bendición en la ceremonia. Se hacen canciones y cantos medicinales. Cuando los espíritus empiezan a trabajar, muchas veces cosas totalmente inesperadas suceden. Después de ver experiencias de curación de posesión de espíritus en los que se le paran a uno los pelos de punta, supe profundamente que cualquiera que quiera tomar esta medicina sin un guía entrenado, esta totalmente loco. Cuando comes la medicina estas totalmente abierto a todo tipo de energías desconocidas. Siempre la ceremonia termina con un acto de gratitud.

Habiendo tenido esta educación me hizo pensar en mis estudios universitarios experimentando con medicinas de la mente. En la UCSC teníamos acceso a todas. Yo supe de algunos que tomaran el psicodélico LSD y que no se recuperaron. Los hongos sagrados son algo que no debe mezclarse con nada. ¿Porque? Porque la Gran Madre te mandará a la chingada.

Habiéndome sentado con mucha gente para hacer la ceremonia, he visto escenas inimaginables que se manifiestan en la gente cuando son purgadas. Los hongos sagrados son profundos. Es por su poder espiritual que se les teme y son prohibidos en muchos lugares. Los sacerdotes católicos que viajaban con los conquistadores en México prohibían los hongos sagrados bajo pena de muerte. Los conquistadores, habian endemoniado aquello que era sagrado. Seguro que nunca comieron la carne sagrada. El mismo tipo de mentalidad prevalecía hoy en día bajo las leyes de muchos países.

El camino de curación con plantas de poder es un camino secreto y sagrado preservado para algunos para el beneficio de muchos. Es un camino santo, un camino riguroso, un camino hermoso. Es un camino de gran alegría, especialmente cuando un chamán atestigua una curación increíble. En esos momentos, cuando lo sagrado es palpable la sabia comparte lo divino con extaticas alabanzas, con la profunda certeza que todo el esfuerzo que ha realizado le permite justo a ese momento. Adentro la gran hermandad de las medicinas sagradas, inalterable adoración y amor por la inteligencia creativa del universo de los universos y de nuestra santa Madre Tierra, reina indeleblemente impresa en nuestros espíritus, como nuestro regalo.

CAPITULO 24   EL VUELO DE LAS CHAMANAS

Estoy liberada de esta tierra. La forma se disuelve y todo lo que hay es, percepción. Percepción sin pensamiento. Aparecen formas y diseños exquisitos luminosamente coloreadas y permito que la energía interna creciente se mueva al respirar y relajar. Me dejo ir.

Es una visión deslumbrante totalmente mágica. Los seres de los hongos se me presentan, me rodean y alegremente dicen, "¡Bienvenidos, bienvenidos! ¡Estamos muy contentos que hayas venido!" Estos son los espíritus de los hongos. Me siento profundamente amada y bien recibida. Entonces hacen pasar mi espíritu más y más profundo, hacia otras dimensiones.

Veo con mis ojos incorpóreos, y escucho con mis oídos incorpóreos. Soy llevada a ver a una antigua cultura nativa, parecen los mexicas, con muchos penachos de plumas coloridas. Escucho exquisita música precolombina, tambores, flautas, y caracoles. Siento la profunda espiritualidad de esta raza antigua, y siento su origen cósmico. De alguna manera me siento parte de todo esto con una conexión y un conocimiento.

Tengo la profunda impresión, como si algo indeleble se imprimiera en mi conciencia acerca de que tan antiguo es esto, y lo vasto de esta red de luz y conocimiento que se extiende a traves del universo de los universos. Dejo este encuentro y me doy cuenta que estoy viajando a una gran velocidad a través del espacio. Mientras vuelo por el espacio, cuerpos estelares en fuga y percibo la obscuridad del espacio y cuerpos de luz con colas de cometa alrededor mío. Atravieso hacia otras dimensiones areas que son agujeros de gusano. Estos lugares tienen diferentes características. Cada una reconocible y algunas muy familiares.

Habiendo soltado el cuerpo en tan maravilloso estado de conciencia. No hay ningún peso que cargar. Me doy cuenta profundamente cuanta energía se consume al mover mi pequeña forma física. Ahora suelto, soy libre. No hay confines. Me siento en armonía. Solo energía pura. No hay conciencia física. Mi carapazo yace en el petate en el suelo como un tronco. Vacío. No hay posibilidad de moverse. Todo punto de referencia de mi realidad ordinaria se ha disuelto.

Atravieso grandes distancias y entro al reino que los sabios llaman " el castigo". Al desnudo me muestran todos los errores de mi propio carácter. Como pulsando los archivos Akashicos, veo cosas especificas que he hecho contrarias a la Ley Cósmica. El recuerdo fue profundamente quemado, y el sentimiento de arrepentimiento era muy grande, que lloré, gemí, y me lamenté por largo tiempo. Es a través de esta experiencia espiritual como rechinamiento de dientes, de esta paliza interna, que me ví claramente. Esta es la purga parte del purgatorio. Y son las lágrimas de tristeza del corazón al ver mis acciones que lava y limpia el espíritu. A través de la profunda limpieza del poder de las lágrimas, se lleva a cabo una intensa curación.

El tiempo no tiene medida, estoy en el eterno, y las puertas de mi percepción saben que estoy muerta. Como el pelar de una cebolla, capas de paño espiritual son removidas y pasan a través de este bardo, el castigo, emergiendo como si brotara una crisálida. Estoy en una gran luz, me siento inmersa en la esencia sagrada femenina, la Gran Diosa, cuya presencia me envuelve con profundo amor imprimiendo mi esencia. Mi mas profundo deseo es permanecer unida a Ella.

Me son dadas enseñanzas sobre mi vida, sobre la curación y sobre su gran amor hacia a todos. Su esencia en toda la naturaleza, la interconexión con todos los seres, y dirección en mi camino. Un maravilloso ser radiante aparece y me dice que no puede parmanecer porque aún no es mi tiempo. Me siento triste y no quiero regresar a la tierra. Aceptando esta orden, llena de amor regreso de las dimensiones celestiales, cambiada para siempre.

Mi cadaver como cuerpo, poco a poco resucita en reconocimiento a mi estado sagrado. Todas las visiones cristalinas, y un profundo amor inexplicable irradiando de mi, regreso a la cabaña desnuda de madera en lo alto de la sierra sintiéndome bendecida, curada, y contenta. El regalo espiritual de la medicina de los hongos sagrados ha sido recibida.

CAPITULO 25   EN LA PRESENCIA DE LO SAGRADO

Aprendiendo por un largo tiempo acerca de los hongos sagrados, revela muchas cosas. Para los mazatecos, y otros grupos indígenas que usan esta medicina, su experiencia es totalmente personal y no se discute abiertamente. Solamente en caso de tratamiento de gente muy enferma, entonces se discute con la familia el viaje medicinal. De otra manera la discusión es entre la sabia(o) y el paciente.

Los hongos sagrados tienen su propia manera y su propio paso para curar a la persona. La curandera(o) es el médium de profundo conocimiento que sabe hasta que punto intuitivamente aplicar la medicina. La gente ignorante piensa que recibes las grandes revelaciones en un solo viaje. Para trabajar con la medicina, debes obedecer el paso al que ve el que cura. Esto toma tiempo. Algunas enfermedades requieren un cierto numero de ceremonias.

En la sociedad occidental la gente ha estado condicionada a que la espiritualidad les sea definida vía un intermediario, tal como un sacerdote masculino. En las culturas indígenas que han usado por milenios las plantas enteogénicas, había un contacto directo con lo divino. En las religiones organizadas, especialmente aquellas de los conquistadores que aprovecharon los negocios de la iglesia como intermediarios entre los nativos y "Dios", es fácil ver como esto podía ser un verdadero amenaza.

Cuando los nativos no solamente podían vivir en una sociedad organizada y altamente inteligente y desarrollada espiritualmente,

no era fácil convencerlos de cambiar a las maneras de los blancos. Esto es algo que los fanáticos cristianos no podían entender. Ellos nunca supieron que el amor era la esencia del éxtasis.
¿Cuando la salvación esta es representada en base a la dominación y la destrucción, quien la quiere?

Los sagrados hongos son proveedores del éxtasis. No puede ser llamada religión. La palabra significa regular, controlar. Los sagrados hongos son liberadores. Es interesante pensar acerca de las diferentes descripciones religiosas tan valoradas en el arte occidental sobre los santos en éxtasis. El éxtasis era muy buscado. El contacto directo con lo divino. Después de todo, vinieron a convertir a los nativos. Y cualquier nativo despertado espiritualmente que ya no necesitaba a los sacerdotes católicos, era una verdadera amenaza para el poder estructural.

Cuando los españoles no convertían a través del amor si no mas bien a través de la espada, su mensaje esencial era desconfiable desde el principio. Los colonizadores vinieron al pillaje. Necesitaban una gran cantidad de fuerza de trabajo para cumplir con sus objetivos de conquista. Mucha gente indígena fue esclavizada en cuerpo y alma. La destrucción llevada a cabo por siglos por la dominación colonial patriarcal continua con la prohibición de las medicinas sagradas.

Los sagrados hongos a través del tiempo nos proveyó con una fundación energética como piedra angular de la vida futura. Son una brújula cósmica. A través de sus bendiciones, los buscadores son guiados hacia la selva del alma. La gran lavandería espiritual.

La experiencia del hongo es una profunda experiencia del vientre materno para las mujeres. No es una experiencia de la región umbilical, ni del chakra del ombligo, si no es un experiencia del vientre materno. Una vez, en un viaje profundo sentí mi vientre y mis ovarios como una fuente generativa, mejor dicho un centro de poder. Un órgano mayor, un centro mayor, encinta con posibilidades de creación.

Este es un lugar de equilibrio, muy conectado con la tierra, del cual el resto del cuerpo irradia. Para la mujer así es. Algunas veces sentí que la energía del vientre naturalmente abría mi receptividad y mis sentimientos sexuales. Era un buen sentimiento, un sentimiento total, no un sentimiento conducido por el deseo y la pasión. La energía que corría por mis canales buscaba conectarse al mismo nivel con la frecuencia de otro ser.

Cuando estas en la profundidad de la ceremonia escapas del caparazón de tu cuerpo, y el tiempo y el espacio son anulados. Tu vez con el ojo incorpóreo de rayos de luz multicolor que perfuman el espíritu. Te das cuenta que tan pesado es tu cuerpo. Los sentidos se magnifican y eres puro receptor. Los campos de visión van mas allá del pensamiento y el análisis. Tu espíritu se pacifica con los mensajes contenidos en el sagrado silencio. Eres llevado al centro de tu ser, tu total ser físico, mental y espiritual es por siempre cambiado. Brotando a otras dimensiones, regiones de transmisión directa, donde las palabras parecen totalmente sin sentido para describir nada de esto. Siendo limpiado y lavado a través de tus lágrimas en un infinito océano de amor, el espíritu emerge como de una crisálida.

Somos el florecimiento genético de los sueños de un largo pasado. Conectados a la memoria genética de cada uno de nuestros legados espirituales de las estrellas, codificado en la mente de la naturaleza, somos los "salvajes silvestres". El mensaje misterioso que los seres de las estrellas comunican, revelan el futuro de la tierra y el devenir de la destrucción ecológica, despertando un profundo sentido de protección hacia nuestra madre tierra.

Sin ningun otro concepto, el vínculo creado a través de la ceremonia del hongo hacia toda la vida elemental estaba indeleblemente impresa. Este vínculo naturalmente formado entre todos aquellos que tomaron parte de la ceremonia. El elemento que mas llamó la atención fue el agua. La dulzura del agua es un elixir preciado. De esta revelación he sido llevada a trabajar con el agua en meditación, ofrendas y curaciones. Los apegos a cosas materiales han sido rotos a través de el beneficio de la visión. Te sueltas al aferrarte a objetos impermanentes. El compartir y la generosidad se vuelven lo más valioso. La belleza como mi medicina suprema era mi receta.

Ha sido mostrado a través de los tiempos que después de una gran tormenta, las cosas se calman. Cuando entrenas en el camino de la medicina la vida se vuelve cercana a la filosofía. Buscando por consejo mas profundo, pregunté a Doña Julieta acerca de esto, porque ella había visto muchos cambios en su vida. Ella dijo, "Con la vista en alto y la imaginación trabajando a todo motor".

CAPITULO 26   EL ALIADO DE TABACO

Una primavera, durante un tiempo agradable, un tiempo después cuando los caminos se abrieron, me informaron que pronto habría un gran evento social en la plaza. El hijo de Doña Julieta estaba a la cabeza de un grupo de jóvenes que patrocinaba el baile. Un evento muy esperado por los pobladores de la región. Con este honor venía la obligación de alimentar y acoger a la banda.

Como me di cuenta esto no era algo simple. La preparación de la comida empezó varios días antes para hacer mole negro. Mas de veinte ingredientes tenían que juntarse. La comadre Lupe y Chavelita venían diariamente a ayudar, y yo me uní a la cocina. Muchos de los ingredientes tenían que ser tostados en el comal y después molidos en el metate.

El mole es el plato tradicional para muchas ocasiones especiales. Es un trabajo intenso, y realmente sentimientos de corazón tiene que ir añadidos para su hechura. Conforme la semana avanzaba todo los ingredientes para la cena se juntaron en un hermoso flujo.

El gran día, el sábado, llegó. Muy tarde en la tarde, dos camionetas pickups se oían venir de las montañas. Se pararon cerca de la casa y llegaron los huéspedes esperados, la banda.

Doña Julieta les dio una bienvenida de héroes, y la casa tomo vida con cerca de treinta gentes. Resulto que no era cualquier grupo local, si no Ruben y Su Nueva Sociedad que eran muy afamados en México. Habian venido desde la ciudad de México. Todos en la casa estaban entusiasmados.

La noche empezó a caer. Ruben confesó que no la iban a hacer porque la carretera era tan mala y el pueblo estaba tan lejano. Habían tenido que dejar abajo cerca del río su gran autobús en el cual habían viajado, ya que era demasiado grande para poder llegar al pueblo.

Para cuando ellos llegaron las pickups estaban esperando para transportarlos hacia al pueblo. La banda ya había tenido una aventura para llegar allí. A su llegada les ofrecieron su primer trago acostumbrado del aguardiente. Esto fue la bienvenida para la mayoría del grupo. Otros tomaron delicioso café cosechado por Venancio.

Había suficiente ayuda en la cocina por lo tanto yo podía hablar con algunos de los miembros de la banda. Me dijeron que estaban sorprendidos de ver a una extranjera allá arriba en las montañas. Querían saber como había llegado ahi.

La comida llegó y todo los muchachos estaban encantados con el mole de Doña Julieta servido con guajolote, arroz, y tortillas hechas a mano. Hecho con amor se podía sentir el resplandor de olas de dicha. Todos estaban contentos.

Algunos de nosotros subimos al segundo piso de la casa. La noche estaba clara y calurosa. A la distancia brillaban las luces de Huautla. Mientras hablaba con dos de los músicos, mis ojos fueron atraídos por algo extraño.

Lejos a la distancia un hilo de luces, se movía hacia abajo en la montaña. Esto parecía extraño porque allí era el bosque salvaje. Fui y pregunte a uno de los hijos mayores acerca de estas luces que viajaban, dijo que era una carrera a campo traviesa, que se llevaba acabo en la noche como parte de la fiesta del pueblo.

Regrese con los músicos al balcón y observé como las luces desaparecían en la obscuridad al subir los corredores monte arriba hacia el pueblo. Estábamos mirando las estrellas y disfrutando el aire claro de la montaña. La banda estaba compuesta de muchachos citadinos que normalmente no salían a tocar a lugares lejanos. Así que estaban disfrutando del ambiente.

Fuera de la casa familiar sonidos de vehículos y mucha gente a pie platicando y pasando cerca de la casa para ir a la plaza. Este tipo de grandes bailes no se hacían a menudo, y por eso, esa noche era un gran evento. Gentes de la región venían en oleadas.

Ruben y sus muchachos estaban felices y conversaban con Doña Julieta y Venancio en la cocina. Los niños estaban cerca y escuchaban. Estaba congestionado y la atmósfera estaba cargada. Todos sentían la elevada energía.

Después de un rato las luces que se movían se hicieron visibles a la distancia acercándose al pueblo. Bamboleándose de arriba hacia abajo mientras los corredores marcaban su camino con sus antorchas de fuego. Con la dificultad del terreno en la noche, pensé que estos corredores debían tener ojos de gato.

Cuando se acercaron al pueblo la gente empezó a echarles porras. La carrera termino en la plaza. La multitud hecho un gran grito al ganador.

La banda estaba preparada para instalar el evento. Dejaron algunas de sus cosas atrás, juntaron sus pertenencias y se fueron de la casa. Apenas sí pudimos tomar aire debido a toda la acción. Cuando de repente a través de la puerta lateral, entró una bola de energía con su propio viento. Este ser en blanco era el ganador de la carrera. Y era el sobrino de Doña Julieta. "¡Buenas noches Tía, buenas noches Tío!"

Delgado, musculoso, y guapísimo con dientes de oro brillando en su sonrisa, parecía lleno de energía aún después de una hora y media de carrera. Realmente la energía que emanaba de su cuerpo lo hacía resplandecer. No podía imaginar como podía correr navegando en la obscuridad de arriba a abajo en la montaña. Supe con anterioridad de su reputación. Había oído de la familia muchas historias de sus aventuras. Así que es este el muy travieso y un poco peligroso. Su sombrero de palma como de cowboy ligeramente hacia un lado completaba la imagen de este hombre joven en sus apenas veintes.

Habiendo ganado la carrera y como el era el pariente de los anfitriones del baile esto daba más prestigio a la familia. Todos estaban muy felices de su triunfo y de que hubiera venido a celebrar en su casa. ¡Mas mole! La marea de la fiesta de la familia aumentaba.

Pronto después, cuando todos habían comido y la casa y la cocina se ordenaba anticipando la siguiente ronda, nos dijeron que nos preparáramos y vistiéramos para el baile y fuimos al cuarto de Doña Julieta. Ella se había puesto un vestido realmente hermoso. La ví rellenando algo en su brassiere. "¿Que haces mamita?"

Ella me vio con ojos de águila y me dijo, "Protección, protección." ¿Protección? Mi mente se quedo pasmada. ¿Protección para que?

"Tu también necesitas. Ven aquí." Entonces ella saco de su busto una botella con líquido oculta en su vestido. "Vamos a un lugar donde hay mucha gente desconocida y muchos ojos estarán puestos en nosotros." Entonces me dijo que me quitara mi blusa y comenzó a frotar un líquido verde sobre mis brazos y ombligo, mientras cantaba en mazateco.

Cuando el líquido se seco, me vestí y me di cuenta que Dona Julieta tenía mas de una botella bajo su ropa. No tenía yo idea a lo que íbamos. Lo único que sabia es que era la primera y la única vez que la casa se iba a quedar totalmente sola. Toda la familia fue al baile.

Entramos a la multitud inquieta al lado de la plaza que estaba llena de gente. Frente del escenario se habían colocado mesas y sillas, dando el efecto de un club nocturno. Nos abrimos paso a través de las mesas al lugar reservado para la familia. Cuando todos se sentaron, no había lugar para mí. Y fui a otra mesa cercana, a un lado.

Vi como desarrollaba la escena. La banda comenzó a tocar y la gente estaba parada alrededor con timidez para bailar. Sentí como si me disolviera en la multitud ya que yo era la única fuereña a demás de la banda. Cuando estaban a punto de tocar la segunda canción, Ruben dijo al micrófono, "Y esta canción es para alguien especial de aquí, esta es para Camila." "Ven y baila." Así que, en lugar de disolverme en la multitud ahí estaba señalada, lejos de mi familia. Desde luego tuve que bailar. Toda la familia estaba riéndose y divirtiéndose. La gente se paro y comenzó a bailar.

Después bailé un poco mas, y empecé a sentirme rara. Antes en la casa cuando todos estaban comiendo mole, yo decidí no comer mucho, pues puede ser pesado para el estomago. Poco a poco empece a sentirme más y más mal con retortijones que se intensificaban. Era imposible que fuera la comida.

Llame a Paco si me podía encaminar a la casa. Me sentía muy mal sospechando lo que estaba sucediendo, recordé algo que Doña Julieta me había dicho del tabaco como protección. Le pedí a Paco un cigarro. Me sentía tan mal que tuve que apoyarme en el brazo de Paco, mientras caminábamos ya que estaba doblada del dolor. El encendió el cigarrillo, y le di una fumada caminando hacia la casa. Eché el humo sobre mí. El dolor disminuyó.

Llegamos a la casa y el estaba muy preocupado y ofreció quedarse conmigo en lugar de regresar al baile. Le pedí que me llevara a mí cama y ahí me a cobije. Cuando el cerró la puerta del cuarto perdí conciencia hasta la manana siguiente. Me desperté temprano y bajé las escaleras. La banda se había ido. Doña Julieta dijo,"¿Que te paso?" Antes de que pudiera contestar, ella me dijo, "Estos muchachos regresaron después de tocar y estuvieron despiertos toda la noche incluso desayunaron antes de irse." Ella no había dormido. Le dije lo que sucedió. Me miró, y dijo, "Alguien hizo magia danina sobre ti. Es por eso que yo me protegí tanto. Ahora sabes porque no te dejo ir caminando solita por hay. Este lugar tiene muchos brujos." "Nunca salgas sin tabaco."

CAPITULO 27   EL HUIPIL BORDADO

Las mujeres de la Sierra Mazateca tradicionalmente usan huipiles de colores brillantes. Debajo del huipil un enredo, hermosamente bordado con caballos marrónes y diseños en el borde. La forma más sencilla del enredo era hecha de algodón en tiras horizontales en blanco y azul. Los huipiles de la región son una forma de arte que usa diseños de símbolos esotéricos muchos relacionados con los hongos sagrados.

Cualquiera que use un huipil estará de acuerdo que es una pieza de vestido muy cómodo. Hecha de tela resistente que puede ser usada por décadas. Los huipiles generalmente mejoran con la edad, volviéndose mas suaves y mas hermosos. Hay algo muy especial en el usar ropa hecha a mano.

Viniendo de la clase media de EUA la ropa que usaba era hecha a máquina. En la universidad, me volví una gran admiradora de la ropa de lana hecha a mano. Comencé a usar faldas tejidas a mano y me gustaba su calidad y el peso del material.

México tiene una gran riqueza de muchos materiales tejidos a mano. Cada uno de las numerosas tribus indígenas tiene su propio traje regional que las distingue. Oaxaca es un lugar especial donde se celebra en julio un festival de danza folklorica indígena con magníficos trajes tradicionales coloridos. Se llama Guelaguetza, es de origen precolombino relacionado con las ceremonias celebradas para la deidad del maíz y la abundancia en la tierra.

Viajando entre la gente nativa en México vestida con sus trajes regionales coloridos me permitía darme cuenta que aburrida es la ropa occidental. Entre mas iba al sur los colores se volvían mas brillantes. Encontré en Oaxaca un huipil sencillo que me gusto, tejido a mano con un hilo blanco de algodón y con un inusual entramado abierto que yo llamo aire acondicionado. Diseños marrones estaban entretejidos en lo blanco y el amplio y suave ornamento caía abajo de mis rodillas.

Había algo acerca de la ropa. Había un sentimiento especial como si fuera acariciada. Acostumbrándome a esto, le eche el ojo a otros huipiles para aumentar mi guardarropa. Empecé a darme cuenta como las mujeres de culturas occidentales están influenciadas por la moda de diseñadores masculinos y usan ropas apretadas incómodas hechas de materiales no orgánicos. Las telas nativas son diseñadas para ser funcionales, no para moda. La ropa era modesta y esta virtud en la gente nativa es muy apreciado. No hay nada de conciencia corporal neurótica, con escotes provocativos y faldas cortas anunciando "veanme".

Durante las fiestas las mujeres usan sus mejores huipiles, muchos de los cuales muestran sus habilidades artísticas. La mayoría de las mujeres de la Sierra Mazateca bordan de maravilla. En procesión se ven como un arcoiris caminante, el sol reflejado en los listones coloridos de satín.

Me di cuenta de la gran diferencia que esta gente tiene de la visión del mundo en la que yo fui creada. Mi mundo en cuanto fui madurando fue manipulado no solamente a través de la ropa y la moda, si no también por los zapatos apretados, los tacones altos, el maquillaje, y lo peor de todo salones de belleza. Todos estos elementos me choquearon.

La gente del pueblo no le importaba nada de esto. No era parte de su planeta. La introducción de la cultura ajena del mundo de afuera vino a través de la influencia de las maestras de la escuela, que venían de ese mundo y eran enviadas por el gobierno. Era un verdadero choque. Traían las uñas pintadas y maquillaje y comenzaron a influenciar a las muchachas jóvenes. Un día, una de las hijas de Doña Julieta de once años vino a casa toda pintada y maquillada. Sorprendida le dije, "¿Quien te hizo esto?" Ella dijo, "Mi maestra nos enseñó una clase de belleza." Fueron las maestras las que comenzaron a cortarles el cabello a las niñas. No tenían idea lo que significaba el cabello largo, aun más lo que es la belleza natural. Estos maestros de fuera influenciaron y afectaron las actitudes de la población.

Era parte de la cultura indígena el respeto a los mayores. Este era el orden social. Los mayores estaban en la mas alta jerarquía. Desde luego, un signo de edad eran las canas. Por la influencia de los maestros las actitudes entre los jóvenes cambiaron y perdieron respeto aquellos que habían encanecido. Por la influencia de los maestros, las gentes empezaron a pintarse el pelo de negro cuando encanecía.

Doña Julieta era una maestra en coser y bordar me mostró un gran mantel que ella bordó. Era para venderlo. ¡Tanto trabajo! Me preguntaba como encontró tiempo para hacerlo. Yo aprendí a bordar cuando era jovencita y apreciaba mucho el trabajo manual.

Cuando regresé después de haber estado varios meses fuera, una mañana Doña Julieta dijo, "Tengo algo para ti. Saco una bolsa, la abrí y vi un hermoso huipil bordado que había hecho para mi. Era tanto trabajo.

Ella sonreído con actitud traviesa y me dijo que el huipil tenía un recordatorio de mi iniciación y trabajo con los sagrados hongos bordados en él. Había pájaros y flores. Era un regalo fantástico.

Estos diseños aún pueden ser vistos en los huipiles de la región.

Empecé a pensar como la penetración de la tecnología había alejado a las jovencitas de la capacidad de aprender cualquier tipo de manualidad. Había algo especial en solo sentarse tranquilamente con tu aguja y crear belleza. Trabajando silenciosamente bordando o tejiendo la mente va a un estado natural de paz. Es un trabajo meditativo. Manos silenciosas, mente silenciosa.

Viviendo una vida sencilla, el tiempo esta hecho para ser cualquier todo tipo de trabajo manual. Tomaba tiempo hacer tus ropas. Tomaba tiempo de cocinar tu comida. Tomaba tiempo cultivar tu comida. El ritmo era naturalmente lento.

Cuando tu bordas un huipil es importante tener buenos pensamientos. Los pensamientos van a la puntada. Cuando tu estas usando un hermoso huipil estas usando amor. El huipil bordado por los manos de Doña Julieta era un tesoro sin precio.

CAPITULO 28 BORRACHO DE DEVOCION

En la mañana Doña Julieta pasaba tiempo frente a su altar rezando. Usualmente me paraba detrás de ella acompañándola en su devoción. Estos momentos de concentración frente imágenes divinas que ella amaba, eran preciosas y contenedoras. Proporcionaban la energía para el resto del día, sin importar lo que pasara.

El día generalmente estaba lleno de actividades en la casa. Pero había momentos, cuando todo estaba tranquilo y estábamos solas. Preguntaba cuestiones más profundas acerca de los hongos sagrados. En una deliciosa tarde asoleada y cálida al final de la primavera, nos sentamos afuera en el patio de tierra en la sombra fresca. Ella me platicó sobre dos aspectos, "El hongo es muy espiritual. Cuando tu lo tomas te sientes en alguna manera fuera de ti misma, porque es claramente medicinal. Es físico, material, y espiritual. Resuelve todo los problemas, incluso los que tuviste con interioridad. Desde años anteriores nuestros mayores curaban con estos."

"No había medicina, no había nada. Por lo tanto los sagrados hongos era la mejor medicina para todo el mundo. Para Dios no hay nada oculto o escondido. Tienes que sacar a la luz lo que El te ha dado. ¿Por que? El te hace conocer tu alma, tu espíritu, tu cuerpo, y por esta razón dejas tu cuerpo por un momento, pensando y viendo cosas psicodélicas, en un momento."

"Como para mi en la casa, que es tu casa, de verdad has visto que tengo muchos pacientes. Estos pacientes se han transformado adentro de sí mismos. Los hongos son realmente fabulosos, y para mí es la gran medicina del mundo. Porque a través de ellos podemos ver y darnos cuenta de quien somos, como somos, que somos, como estamos hechos ante Dios. Nos muestran muchas cosas acerca de la vida, y las muchas dificultades que tenemos que sobrepasar. Estas dificultades son sufrimientos, tristezas, enfermedades entre otros."

"El camino de los hongos te enseña muchas cosas. Son iluminadores porque te muestran, te enseñan, son el mejor maestro, ¿no? La verdad es realmente hermosa. Bueno, yo quiero hablarte de todo esto para explicarte todo esto, para comunicarnos con todos los demás, sí, tenemos que hacerlo. La razón es porque hay mucha gente que abusa de la naturaleza, que abusa de nosotros, o abusa de ellos mismos, o lastima a otra persona."

"Dios no quiere esto. Lo que Dios quiere es que nos unamos que aprendamos lo mejor, y llevemos a otros hacia adelante. En esta región los hongos nos sirven para comunicarnos con todos los seres vivos en los astros, en la naturaleza, con las montañas, los lagos, las nubes, y todas las cosas que existen en la vida. Realmente es una comunicación estupenda. ¿no? Porque es de aquí comienzas a aprender lo que sucede, porque rezas en un momento, y te comunicas con todos ellos. Entonces te ayudan a protegerte en el momento que necesitas y también ayudan a otras personas."

Me reflejé en lo que ella dijo, y pregunté acerca de la esencia de los hongos sagrados y su opinión acerca de aquellas del mundo de afuera que habían comenzado a hacer crecer las impresiones de las esporas de los hongos de la región. Ella dijo, "Los hongos no serán los mismos porque la tierra de aquí tiene mucho poder, es muy diferente la tierra en otros lugares. Este es el lugar natural de los hongos, y aún cuando los puedes cultivar en otros lugares a través de esporas, no se dan igual. Es como que yo tengo sangre, y otro también tiene, es sangre, pero somos gentes diferentes. Las esporas producirán hongos, pero cuando los produzcan, no se dan como aquí naturales y silvestres."

Refiné mi pregunta cuando le pregunté si aún cuando los hongos crecieran fuera de la región de esporas recolectadas de la región ¿tendrían la misma genética y poder? Y ella respondió, "Si es verdad, pero si crecen entre cebada y trigo, no es lo mismo de crecer en la tierra silvestre de donde crecen naturalmente. Por esta razón es importante no hacer crecer los hongos a través de esporas." El ciclo de crecimiento de los hongos sagrados y las ceremonias tradicionales durante el año me fueron explicadas. "En el principio del año, que es el primero de enero, celebramos. Luego en el primero de junio, y después al final de diciembre. Estas son las fechas y días mas sagrados para nosotros porque invocamos la naturaleza."

"Propiciamos la naturaleza y agradecemos por lo que nos ha dado, el pan de cada día. Agradecemos a nuestra Madre Naturaleza en la forma de la luna, porque nos está dando todo. Nos da rocío, nos da agua, nos da todo. Así para mí es algo grande para dar un torrente de agradecimientos. Hacemos promesas, encendemos velas en el día principio, en la mitad y en el final del año, para que la luz continue en la casa. Porque es esta luz que nos muestra si cualquier insecto quiere lastimarnos, o cualquier daño que venga hacia nosotros.

"Creo que esto es como estar en buenos términos con el presidente de la Republica. Es quiero decir que uno es con Dios y la Madre Naturaleza, ¿no? Porque son seres vivos. Las montañas son seres vivos también hay otros fenómenos que son seres vivos. El agua tiene sus seres vivos. No puedes bañarte en los ríos en junio porque es cuando el agua tiene su período. Todos nuestros antiguos decían lo mismo, que no puedes jugar con en el agua, porque después, te viene una enfermedad y tu no sabes. Entonces el doctor te dice es incurable. ¿Por que? Porque es de un fenómeno."

"Nuestros antiguos dicen que uno cruza con la naturaleza (ofende la naturaleza), esto lo he visto y curado a mucha gente de este clase de enfermedad. Lo que pienso es esto, mira aquí en la región, que bueno, después de muchos años que has estado aquí en nuestra humilde casa con la familia, lo que yo quiero es, que bueno, es comunicarse con el resto. Amarse los unos a los otros como decía Cristo. Por algo nos tiene aquí en la tierra. Podemos hacer y destruir pero más tarde hay consecuencias, porque es una pena causar daño, ¿no? Es como destruir una planta, como destruir un animal, todo tiene su espíritu. Un pequeño animal tiene su santo. Un fenómeno esta también sustentado por El de arriba. Por esta razón nuestra comunicación con lo divino es fuerte."

"Pon atención, nuestra naturaleza, como las rocas, los cerros, son las costillas de la naturaleza, nuestros huesos como decimos, los huesos de nuestra Madre Naturaleza que nos da el pan. Pero estamos destruyendo todo, sí, estamos destruyendo todo. Y como siempre han dicho, esto va a acabar."

"El mundo no se va a acabar. Lo que se va a acabar somos nosotros, sí. Para Dios nada es imposible. Por medio de sus maravillas, El tiene sus cosas malas, y las hace porque es parte de El, y nosotros somos parte de El, y venimos de El. Es la cosa mas indispensable de pensar, para concentrarnos en nosotros mismos en un momento, en El."

CAPITULO 29 EL LEGADO GRINGO

La historia moderna de los hongos sagrados tiene que ser contada no como una historia si no como la historia de ella. Estamos hablando de la historia de las mujeres, entonces no hay que limitarla al lenguaje patriarcal, puede decirse que es la historia de ella. Fueron las mujeres las principales protagonistas de esta parte de la historia.

De alguna manera los hongos sagrados, también escondidos casi olvidados, tocaron la mente de un importante, hombre humilde, yendo en un tren a alguna parte de México. Una y otra vez estoy impresionada por las historias que oigo. Parece que hay una sutil trasfondo del movimiento de la conciencia, permitiendo que la magia brota.

Cuando las noticias iniciales salieron al público acerca de la existencia de los hongos sagrados paso desapercibido. Aquellos de nosotros que estábamos en la universidad en los setentas estábamos embelesados por las historias de Carlos Castaneda y su entrenamiento con Don Juan de México. Salió la palabra acerca de una realidad alternativa y aquellos de nosotros que leímos las historias de Carlitos queríamos experimentarlas.

Yo había estado estudiando con Doña Julieta en Oaxaca por muchos años. Durante este tiempo, como estaba en mi camino, fui afortunada de estudiar y practicar con un gran maestro de meditación Tibetano Budista. Mi entrenamiento incluía el poder de las plantas y de los yogas.

A ese momento escuché de un gran tertón, un revelador de tesoros del dharma, que venía de Tibet a los EUA por primera vez.

Mi maestro estaba patrocinando su visita. Todo los estudiantes estaban emocionados de como sus vidas habían cambiado totalmente después de conocerlo y recibir sus iniciaciones. Estaba visitando muchas ciudades dando sus enseñanzas, y era casi el final de su gira en Boston.

Sin importar que tan jugosas eran las noticias acerca de él no había dinero para mí para viajar y recibir personalmente sus bendiciones. Estaba anhelando estar en su presencia y estaba a miles de millas de él. Entonces recé.

Un día de la nada, recibí una llamada telefónica de uno de los antiguos estudiantes de mi maestro. Me pregunto si había yo visto al tertón. Le dije que estaba atorada sin fondos para ir a verlo. Me dijo, "Tienes que verlo. Estoy mandando un boleto de avión."

Atónita colgué el teléfono y comencé a pensar a quién conocía en Boston. Necesitaba un lugar para quedarme. Por fin se me ocurrió que hacia unos años, mientras estaba en retiro con otro gran lama Tibetano conocí a un hombre de Boston. Me dio su tarjeta y me dijo si alguna vez venía yo al este, que por favor lo visitara.

Empezé a buscar la tarjeta, pero no lo encontraba. Chequé y rechequé el libro donde había puesto la tarjeta, pero nada. ¡Casi al final de mi paciencia empecé a rezar, levante el libro poniéndolo boca abajo sacudiéndolo y la tarjeta cayó!

Contacté al hombre y arreglé quedarme con él y su esposa. Estaban tan interesados con la historia del tertón, que decidieron ir a las iniciaciones conmigo. Fuimos separadamente porque yo iba a la casa donde mi maestro y el tertón con su séquito se hospedaban.

En ese lugar, la escena alrededor de esté alto lama fue tomada por estudiantes de otro renombrado maestro de meditación. Estos estudiantes adoptaron formas militares con uniformes. Cuando aparecí en la puerta de la casa con brazos llenos de ofrendas, pregunte para ver a mi maestro. El guardia de la puerta me dijo que no podía entrar porque no les habían avisado que alguien iba a venir.

Había volado miles de millas y había atravesado muchas peripecias para llegar ahí. No me iba a echar para atrás. Mientras contemplaba mi próxima acción, mi maestro apareció por atrás de la guardia y literalmente empujándolo hacia un lado, abrió la puerta y sorprendido de verme, tan lejos de casa, el dijo, "Entra."

El arrogante guardia cabizbajo se hizo a un lado. Mi maestro que no soportaba tonterías, me dijo que lo siguiera. Estaba muy contenta de ver a mi maestro. Astuto y energético como siempre estaba contento que hubiera llegado. Le dije acerca del boleto de avión. Caminamos hacia la vieja casona y me llevó directo a la recámara del tertón.

Ahí estaba un hombre grande con piel obscura, cabeza rasurada recostado en la cama, sonriendo y recibiendo a la gente. Había viajado al mundo occidental de una región salvaje del lejano este. En Tibet él era conocido como mahasiddha (un ser milagroso).

Yo estaba sentada en el suelo en frente de el al lado de mi maestro. Mi maestro dijo, "Habla con él. El va apreciar que un occidental trate de hablar su lengua." Iba hacer su diversión. Me miro, y de repente me quede muda. No pude hablar. Se rió conmigo. Me alegré que pude darle un poco de sentido del humor. Entonces me dio su bendición.

Después de varios días de iniciaciones con él y de cientos de estudiantes que aparecieron en el gran salón, esta maravilloso escena desapareció como un sueño. Me quedaban tres días antes de regresar y las personas que me hospedaron me preguntaron que quería hacer. Como de rayo solté las palabras, "¡Harvard, Dr. Schultes! El esta ahí. Quisiera conocerlo."

Mi amigo me miró y comentó como de pasada, "Es un amigo mío ¿quieres que lo llame?" Estaba asombrada. Una conexión directa. Esto era realmente mágico. Se hizo la cita para el día siguiente a la hora de la comida.

Me llevaron a Harvard, y sin saber adonde iba en la calle cuando nos acercamos estaba mirando alrededor. Bajamos la calle, y fui guiada a través de un túnel hacia el campus de Harvard. Era obscuro como atravesar el canal del nacimiento. Cuando atravesé el túnel algo me sobrecogió un sentimiento que estaba en un baluarte de profundo conocimiento. Podía sentir la santidad de este conocimiento. Tantos estudiosos sobredotados habían caminado en estos lugares.

Mi interés estaba prendido mientras estaba llevada hacia el antiguo edificio y arriba de las escaleras, pasando una reja cerrada subiendo más escaleras, hasta estar frente a una puerta cerrada con un gran letrero puesto en la puerta y que decía, "Prohibida la entrada excepto para el Dr. ..." Mi amigo tocó y abrió la puerta. Nos esperaba.

Dentro, detrás de un escritorio estaba un caballero alto y viejo, que nos miró desde sus lentes sobre su nariz al mismo tiempo que miraba sus papeles. Reconociendo a mi amigo fuimos cordialmente bienvenidos. No estaba preparada para su amable recepción cuando me lo presentaron.

Estaba muy contento de que hubiera venido, y hablamos sobre de todo en español. Lamentó el hecho que no había muchos hispano hablantes alrededor de él. El Dr. Schultes era uno de mis más grandes héroes. Conocido como el padre del etnobotánica, era el pionero en el estudio de las plantas enteogénicas entre la gente indígena.

Duro como el acero, había pasado mucho tiempo en la selva en Colombia recolectando plantas y aguantó grandes privaciones. Parecía un asceta. Su forma de ser era humilde y encantadora. Ambos compartíamos un gran amor por la selva y por las plantas medicinales que crecían en ella abundantemente.

Nuestra conversación se fue rápidamente hacia las plantas enteogénicas, le compartí mi historia de aprendizaje con Doña Julieta en la Sierra Mazateca. Sus ojos se encendieron. Parecía emocionado. Entonces dijo, "Ven conmigo tengo algo que mostrarte." Antes de dejar su oficina me regaló uno de sus libros sobre plantas psicotrópicas. Me lo dedicó y me sentí muy honrada de recibirlo.

No tenía idea adonde íbamos cuando salimos de su oficina. Todo parecía viejo. Los oscuros libreros llenos de libros, y sólo se filtraba una tenue luz, creando un aura de conocimiento escondido. Me llevo a su antiguo salón de clases, que había preservado intacto como una exhibición de museo. En el salón había vitrinas en las cuales había muchos tipos de plantas medicinales que había traído de sus incursiones al mundo silvestre. Todo tipo de antiguos objetos indígenas, entre los cuales estaban sus preciadas cerbatanas que adornaban las paredes del salón. Me enseño algunos objetos.

Sabiendo que teníamos almas gemelas, me dijo, "Sigueme." Salimos del salón de clases y caminamos hacia lo que parecía un laberinto para mí. Era llevada hacia el lugar sagrado interior a uno de los verdaderos tesoros de Harvard. Caminamos y llegamos a una puerta cerrada, la que abrió con una llave. Entonces a otra puerta cerrada. Una mujer estaba en un escritorio cerca de la puerta. Le pidió la llave y con ella logramos entrar.

Cuando la puerta se abrió, me encontré dentro de la biblioteca Wasson. Las paredes estaban tapizadas con libreros repletos de libros. Algunos en cajas en el suelo. Arriba de los libreros había todo tipos de objetos de varias culturas. Todos los objetos eran objetos ceremoniales de hongos sagrados o representaciones artísticas de los hongos sagrados. Había vitrinas con artefactos raros y preciados precolombinos de los hongos sagrados.

Miré alrededor sorprendida. Me miró y sonrió. Había sido llevada al salón de la entera colección privada de Gordon Wasson. Casi pasmada al ver este tesoro increíble, caminé alrededor viendo los libros y los objetos. El Dr. Schultes me miraba como un padre cariñoso.

En la vitrina, un objeto me llamó la atención. Era una piedra precolombina de un hongo. En el frente estaba esculpido un hombre, con el hongo detrás de él. Pregunté a Dr. Schultes si podía tocarla. Pidió a la secretaria la llave de la vitrina, y la abrió. Sonrió.

Alcancé la vitrina y saqué la piedra del hongo y la puse en el piso. Viéndola, fui atraída a poner mis manos en la cabeza del hongo. Al contacto, sentí una ola de corriente eléctrica pasando a través de mí. Mi cuerpo empezó a temblar incontrolablemente. Entre en éxtasis. Olas de éxtasis y visiones me invadieron y fluyeron mis lágrimas.

Después de un tiempo, regresé a mi cuerpo y quite mis manos de la piedra. Sentí si hubiera puesto mis manos en un enchufe eléctrico. Estaba completamente deshecha. Desde ese tiempo las piedras de hongos han despertado mi interés y he estado con muchas de ellas.

Vale la pena mencionar que en esta misma vitrina había una pieza de barro en forma de hongo con una cara en el tallo, y otra de una mujer adorando un hongo también de barro. Estas eran piezas poco usuales. La piedra de hongo que toqué fue regresada a la vitrina y cerrada con llave.

El Dr. Schultes me invito a comer. Tuvimos una plática animada. Me volvió a invitar a comer. Estaba fascinada. En nuestra conversación me contó acerca de sus viajes con Weston La Barre en Oklahoma pasando tiempo con hombres de medicina indígena y aprendiendo acerca del peyote en los años 1930's.

La conversación era suficientemente fascinante pero entonces comenzó a contarme como encontró los hongos sagrados de Oaxaca. Me dijo que en el tiempo de su doctorado había ido a México. Viajando en tren entre la ciudad de México y Oaxaca, el viaje fue interrumpido por problemas en las vías del tren. El tren no podía seguir mas adelante. Las vías necesitaban repararse. Entonces mientras quedaron parados en una región desértica en un lugar de Puebla, los pasajeros bajaron del tren y esperaron a que terminaran de repararlo.

Es justo este inusual suceso el que lo llevó a uno de los más importantes encuentros en su vida. En el tren también viajaba otro hombre profundamente metido en el conocimiento de las plantas. Ahí fuera en el desierto estos dos gigantes de la etnobotánica se conocieron.

El Dr. Schultes con su pobre español comenzó a platicar con una mujer mayor, "¿Cuantos anos tiene?" Habiéndolo escuchado los mexicanos comenzaron a reírse a carcajadas. El Dr. Schultes riéndose me dijo, que el quería preguntar a la mujer cuantos años tenía, solo que cuando le pregunto, salió como "Cuantos anos tiene Ud." Si esto no fue suficiente para que todos se atacaran de risa, ella jugó su mejor carta contestándole, "Solo uno señor."

Entre los que oyeron todo esto estaba Blas Pablo Reko, un botánico Mexicano que había estudiado las plantas de poder de la gente indígena. Los dos hombres se volvieron amigos y mientras esperaban para que pusieran las nuevas través ferroviarias para arreglar las vías, intercambiaron historias acerca de sus intereses. Fue Blas Pablo Reko que mencionó al Dr. Schultes donde podía encontrar los hongos sagrados. Estuvieron parados en las vías no lejos de la región de la Sierra Mazateca.

El Dr. Schultes comenzó a describir su asombro sobre como las través que se pusieron para arreglar las vías estaban hechas de cactus saguaro. Crecían tan grandes en el desierto. Las historias que Blas Pablo Reko contó tentaron tanto al Dr. Schultes como para que en poco tiempo saliera a pie hacia la Sierra Mazateca.

En los tardíos treintas la única manera de viajar a la Sierra Mazateca era a través de veredas usadas por mucho tiempo por los mazatecos. El Dr. Schultes compró víveres en el pueblo al pie de las montañas. Cargó unas mulas y se encamino hacia la sierra. Me dijo que le tomó tres días caminar hasta Huautla.

Nos separamos después de estas grandes cuentos y hicimos una cita para volvernos a ver. La siguiente vez que nos encontramos, el Dr. Schultes me llevó otra vez a la biblioteca Wasson. Nuevamente deambulé incorporando los vientos energéticos de los muchos viajes de Wasson al reino de los hongos sagrados. Fue la incursion de Dr. Schultes a Huautla y su último escrito acerca de esto, que le dio la pista a Gordon Wasson y su esposa Valentina.

La impresionante colección de artefactos de hongos y los exquisitos libros se hicieron en un cierto periodo de tiempo. Y todo esto fue gracias a Valentina. Gordon Wasson era un micofóbico, y Valentina era una amante de los hongos. Era una doctora rusa, y disfrutaba la caza y la historia de los hongos. Valentina fue la que convirtió a Gordon Wasson hacia el camino de los hongos sagrados.

Los Wassons fueron a Huautla y buscaron un chamán que les hiciera la ceremonia de los hongos. Gordon fue a la autoridad local para pedirle ayuda. La autoridad mandó mensaje a una humilde mujer mazateca llamada María Sabina, para que atendiera a estos visitantes. Sin saber los Wassons que la costumbre de los indígenas locales era que cuando los autoridades pedían algo a un poblador, era considerado una obligación atenderla.

Los Wassons tuvieron su ceremonia, y pasaron un corto tiempo en Huautla. Regresaron a los EUA y escribieron un artículo a mitad de los cincuentas en la revista Life acerca de su experiencia. Complementada con fotos de María Sabina en la ceremonia, la palabra salió al mundo y abrió la caja de Pandora. No solamente para ella, pero para su región. No tomó mucho tiempo desde que salió el artículo para que muchos buscadores internacionales hicieran el arduo viaje a la Sierra Mazateca buscando a María Sabina y la ceremonia de los hongos.

Su nombre y su fama sonó dentro y fuera de la República Mexicana y en poco tiempo fue muy buscada. Todo tipo de gente vino a buscarla, entre ellos estaban los hippies. A mediados de los sesentas, una renta en la fábrica social tradicional mazateca en Huautla sucedió con el gran flujo de buscadores del mundo externo. No había en el pueblo infraestructura que manejara el numero de gentes que presionaban a las autoridades.

La situación alcanzó el punto tope en 1968. Las cosas se salieron de las manos cuando los hippies eran vistos semidesnudos en las calles ofendiendo las costumbres de los mazatecos conservadores. Y entonces, un día, un hombre joven fue encontrado en la calle cerca del mercado semidesnudo y fuera de su mente. Cometió el gran error de mezclar el LSD que traía con el con los hongos sagrados.

Las autoridades indígenas lo agarraron. Cuando se supo su identidad, una ola sacudió a toda la comunidad. Era el hijo de uno de los políticos mas poderosos de México. Fue enviado a sus padres a la ciudad de México.

Debido a esta estupidez toda la Sierra Mazateca fue sitiada por el gobierno Mexicano de 1968 a 1974 por orden del presidente Díaz Ordaz. Esto causó un gran sufrimiento para toda la gente que vivía en la sierra. No les era permitido a ningún fuereño subir a las montañas. La carretera estaba bloqueada y bajo vigilancia. Solamente los locales podían pasar. El transporte público era muy limitado. Después de esto por muchos años aún era difícil llegar a la sierra.

Platicando cuentos sobre la región con el Dr. Schultes, le conté acerca de los años de bloqueo durante los cuales viaje tarde durante la noche. Viendo la colección de los Wassons, me hubiera gustado oír sus historias. Cuando estábamos en la biblioteca la colección estaba siendo catalogada. Después de un tiempo cuando me sacié, nos fuimos a comer.

En nuestra última comida juntos, la conversación giró en torno a las plantas sagradas y estábamos deleitados. Le pregunté si alguna vez había tenido una ceremonia de hongos. Confesó para mi sorpresa que nunca había comido una dosis heroica. Nunca había tenido un encuentro directo a través de el Gran Misterio de la medicina maravillosa. Nuestra despedida fue cariñosa.

Después de algunos años del articulo de Life de los Wassons, María Sabina fue entrevistada por una revista francesa. Fue una entrevista extraña. Su afirmación más importante después de que le preguntaron de sus sentimientos acerca de haber realizado la ceremonia para los Wassons y lo que paso después. Dijo, "Debí haber dicho que no."

CAPITULO 30   LAS CURACIONES

Frecuentemente la casa de Doña Julieta estaba llena de gente. En el piso de arriba, un cuarto que también fue usado como granero, servía para hospedar a sus pacientes y sus familias que venían de lejos para recibir tratamiento. Algunas veces los tratamientos tomaban días, y observar como y cuando la medicina era administrada era cautivador.

Muchos de los tratamientos sucedían en la cocina y pensé que para las mujeres doctoras nativas tradicionales esta era la oficina original del doctor. Los diagnósticos y los tratamientos se realizaban muchas veces cerca del fuego. Para las enfermedades con diagnósticos difíciles, se usaba la adivinación.

Después de unos años regresando a la casa de Doña Julieta, una primavera, una madre apareció con su hijo de nueve años quien sufría de problemas de la piel. Era una situación ligeramente delicada para examinar al niño, porque su problema estaba en sus genitales, piernas y nalgas. El mazateco es una persona modesta.

Persuadieron al niño para que se desnudara. Y yo no estaba preparada para ver su sufrimiento. El pobre niño tenía ámpulas sobre todas sus partes nobles, algunas con costras, otras abiertas. Doña Julieta comenzó el tratamiento con tepezcohuite (una corteza de árbol), molida y hecha una pasta, luego se aplicaba en todas las áreas afectadas. Después la pasta comenzaba a secarse, el niño parecía aliviado. Mas tarde Doña Julieta me dijo que había una epidemia de enfermedad de la piel algo que no habían visto en la región antes. Me imaginó que es lo mismo para cualquiera que comienza el camino de curandero, ser un poco tímido. Para mí no había una entrada fácil. Un día, vino gente de una región lejana y la mujer de la familia estaba muy enferma. La acostaron en un petate sobre el piso en el granero en la segunda nivel de la casa. Doña Julieta estaba muy ocupada ese día con muchas gentes, así que me dijo que fuera arriba y empezar a tratar a la mujer.

El cuarto a donde estaba la paciente tenía una luz tenue que se filtraba a través de la puerta abierta. Antes de mí acostada estaba una mujer pequeña gimiendo, con su familia sentado en silencio junto a ella. Yo silenciosamente empecé mi trabajo, sobando su estomago y espalda. Después de un rato, se relajo y dejo de gemir. Después entró en un sueño pacifico. No hubo palabras de por medio. De cualquier manera no hablaban español. Se alivió después de algunos días y luego la familia se fue.

Escuché muchas historias de enfermedades inusuales y difíciles de curar y que Doña Julieta lograba curarlas. Ella nunca se adjudicó las curaciones. Ella siempre decía que era el divino que curaba. La recompensa por sus servicios muchas veces venía en forma de comida, pues el dinero era un recurso escaso. Algunos pacientes pagaban mucho tiempo después, llegaba a la casa un familiar con una gallina como forma de agradecimiento.

Enfermedades raras se manifestaban cuando la gente tenía susto. La medicina occidental alopática no tiene esto en sus libros. Es importante mencionar sin embargo que mucha gente sufre de esta enfermedad. Cuando hay un susto, el espíritu brinca afuera del cuerpo. Trajeron a un niño para curación y su madre que estaba junto a él estaba preocupada. Algo muy extraño estaba sucediendo a su hijo.

A la simple observación no había ningún problema. Le pidieron a la señora que explicara los síntomas. Dijo que algunas veces pasto salía de los ojos de su hijo. Cuando Doña Julieta oyó de esto estaba incrédula. La mamá al ver la incredulidad en la cara de Doña Julieta saco de su rebozo un pequeño frasco lleno de pasto. Esta era la prueba de lo que salía de los ojos de su hijo.

Era el caso más inusual del susto. Los tratamientos comenzaron con limpias espirituales, luego adivinación y la ceremonia de los sagrados hongos. El niño se curó. Cuando me contaron esta historia estaba sorprendida y si no hubiera venido de Doña Julieta hubiera dicho que era falso. Me enseñó el frasco de pasto como prueba. Mi mente se confundió con el tipo de síntomas que causa el susto. Por si éste caso no era suficientemente sorprendente, Doña Julieta me contó otra historia. Una vez una mujer apareció con su hijo muy alterado. Estaba realmente enfermo y no habían podido sanarlo. Era durante del tiempo del año que hacía frío. Doña Julieta le preguntó a la mamá acerca de los síntomas de su hijo.

La mujer comenzó a relatar que un día noto que algo le pasaba a su hijo y que no parecía estar muy presente mentalmente. Después contó que el empezó a comer cobijas. Desenredaba los hilos y consumía la cobija. "¿Se comía una cobija?" dijo Doña Julieta. La mamá que estaba concentrada en la entrevista miro a su hijo, y dijo, "¡Si como lo esta haciendo ahorita!" Y ahi el estaba sentado comiendo su segunda cobija.

¿Que es lo que había causa de esto? Se hizo una adivinación y el tratamiento comenzó. Esto era un caso de curación dificil. Sin embargo una ceremonia de los hongos sagrados se logró, y el volvió a estar bien.

Estas historias eran tan sorprendentes que yo comencé a

preguntar con más detalle como manejar estos tipos de casos. Doña Julieta me dijo que hay muchas cosas extrañas en la naturaleza. Anomalías. Estos tipos de casos son anomalías médicas. Entró en detalle sobre aquello que causa el susto.

De gran interés fue lo que relató acerca de ofender a los espíritus y a los elementos. Tontos seres humanos apenas se dan cuenta que estos seres existen. Sin embargo, la verdad es que tu puedes realmente enfermarte si ofendes a estos seres.

Me dijo que caminar con cuidado sobre la tierra observando todo. Tienes que honrar a los elementos y a la Madre Tierra. Nunca hagas pipi en un rio, océano, lago, árbol, roca, especialmente en los que son grandes. Mas de un sistema tradicional de medicina indígena habla de esto. Se le llama cruzando a la Madre Tierra.

Había tantos tipos de curaciones que se llevaban acabo en la casa. Entre los cuales unos eran realmente sorprendentes de presenciar, eran las extracciones. Una de las grandes habilidades que Doña Julieta poseía era en ser una doctora chupadora. Este tipo de tratamiento era la de ser muy difícil de dominar. Se tenía que tener un gran control de la respiración y concentración. Lo que se salía fuera de lo ordinario para mí era lo que diariamente ocurría ahí. Estar en esa casa era pisar entre un portal invisible hacía el gran Otro. Yo era privilegiada de ser testigo de algo que estaba desapareciendo.

CAPITULO 31 RECONECTANDO CON LOS ANCESTROS

El tiempo de la cosecha en Oaxaca es un tiempo maravilloso. El clima es excelente, caliente y con días asoleados. Es el tiempo de la fiesta mas grande del año, el Día de los Muertos. Se celebra en dos días de remembranza en el primero y segundo de noviembre. El origen viene de las antiguos raíces nativas y es parte del ciclo del maíz. En este tiempo del año el velo entre los mundos es muy fino. Se puede decir que en estas regiones donde las costumbres son fuertes, lo puedes sentir.

El maíz es sembrado para tener una cosecha que alimenta a los muertos. Es una celebración alegre, una remembranza y veneración anual de los ancestros. Para la mente occidental educada, esto parece extraño, si no loco. Especialmente cuando atestiguas la cantidad de sacrificio, ahorro, y trabajo que lleva hacer estas ofrendas para los ancestros.

Sin embargo lo que es realmente extraño es como la cultura occidental ha perdido este importante y esencial hilo de remembranza. Un total desconecte. Recibí guía amorosa de mi tía en las montañas por varios años. Lo que me abrió la puerta hacia la celebración de el Día de los Muertos.

Me tomó de la mano, y me enseñó hacer el mole negro y tamales, dulces, con carne, y hierbas. Esto tomaba tiempo, pues todo era molido a mano, y preparado en el fuego. Tomaba días. Esto podría haber sido el verdadero origen del movimiento de la comida lenta.

Estas preparaciones empezaban con meses de anterioridad, criando al guajolote que sería sacrificado para la comida de la celebración. Los guajolotes eran considerados animales sagrados. La gente ahorraba todo el año para comprar lo necesario para el Día de los Muertos. Todos los que vivían en el campo mantenían esta tradición.

Empezando con la cocina era un verdadero proceso. Primero tenía que cortar la leña en el bosque, acarrearla en un burro o un caballo o en la espalda de un hombre y luego partirla para que terminara en la cocina. Tanto hombres como mujeres eran buenos con el hacha y el machete.

Se hacía un viaje al mercado, que tenía lugar una vez a la semana, porque se necesitaba para comprar ingredientes, chiles secos, chocolate, semillas, azúcar, hierbas y fruta. Viajábamos en pickup por un camino sinuoso y polvoso, salíamos temprano para encontrar lo mejor y la mayor variedad posible. El mercado tenía un espíritu de animación. Todos los vendedores, la mayoría mujeres vestidos con vestidas coloreados tenían sus mercancías esparcidas en petates sobre el suelo. Los hombres eran vendedores de las tiendas de abarrotes. La gente regateaba bulliciosamente.

En el mercado yo iba atrás de la tía. Apretujada entre la gente que estaban haciendo lo mismo de nosotros. Muchos pobladores venían a pie desde lugares lejanos hasta este mercado. Era una atmósfera divertida y festiva. Yo llevaba las bolsas que contenían los ingredientes selectos.

Además de los preparativos para el mole, era considerado muy especial el pan de muerto. Estos eran panes redondos hechos en forma de una cara o a veces hechos en una forma de persona. El pan estaba hecho con yema de huevo y era delicioso y dulce. El pan se colocaba como una ofrenda en el altar.

Dos días antes de la celebración se empezaba a preparar el mole. Había muchos ingredientes, muchos se tostaban al fuego en el comal. Hacer mole es el verdadero sentido de la comida lenta. Moliendo de la misma manera como los nativos lo hacían en la época precolombina. Usando el metate lo que tomaba mucho tiempo. Cuando te dabas cuenta cuanta energía y tiempo tomaba para hacer esté plato exquisito aprendías a apreciar la comida.

Tenías que tener buenos pensamientos cuando hacías el mole. Tu corazón tiene que estar contento y puro para hacer esta ofrenda a los ancestros. Además de hacer el mole, se hacía el nixtamal y se molía para hacer tortillas y tamales. Un hermoso maíz blanco que mi tío cosechaba era una parte esencial de estas ofrendas.

La milpa estaba localizada a cuarenta cinco minutos caminando bajando de la montaña. Las hermosas mazorcas eran cargadas en cantidades en morrales hechos de fibra de maguey y eran traídos con un burro. Todos estaban felices de ver el burro llegar con la cosecha. Una gran sensación.

Las grandes ollas de barro negro anchas y profundas se sentaban encima del fogón. Cuando las ollas estaban suficientemente calientes, se agregaban los ingredientes del mole. Poco a poco, y moviéndolos elegantemente con una cuchara de madera hecha a mano, hasta convertirse en una salsa espesa rica, color oscura café casi negra.

En el treinta y uno de octubre toda la familia se juntaba para participar y hacer el altar para los ancestros. Las mujeres todas eran artistas y por lo tanto algunos de los adornos eran muy ingeniosos tales como guirnaldas con cacahuates con cáscara amarrados y también con dulces. Estos colgaban de las vigas del cuarto en frente del altar. Los hombres hacían un arco de carrizo. Este se amarraba al altar y entonces las mujeres trabajaban juntas poniendo flores y frutas en el arco.

Las flores de cempazuchitl eran anaranjadas, flores de muerto. Otras flores silvestres eran usadas como el pericón hermoso color amarillo naranja, las cuales abundan en la montaña. Muchos tipos de frutas se integraban al diseño de las flores en el arco. Plátanos, manzanas, limas, tejocotes, nísperos, y en algunas áreas jícamas eran colgadas del arco.

Cuando este acto de inspiración creativa se completaba, se continuaba con el resto del altar. Estos altares estaban hechos en escalones. Algunas veces había dos niveles y aveces tres. Todos estaban cubiertos con un mantel y luego la multitud de ofrendas estaban artísticamente colocadas. En orden de importancia estaba el plato de guajolote con mole, los tamales, el mezcal y el tabaco. El resultado final es que todos estaban contentos con su esfuerzo creativo que tomaba muchas horas. Todo los elementos estaban mágicamente mezclados para transformarse en el producto terminado, un altar como portal para los espíritus de los ancestros.

Las noches eran claras en esta época del año con estrellas magníficas. Una vez me levante temprano antes del amanecer y baje al altar a meditar. Una amiga Renie me acompañó. Prendimos las velas y nos sentamos en el piso delante del altar para meditar. Encima del altar, algunos panes en forma de personas estaban colgando a demás de otros adornos.

Hicimos oraciones para los ancestros y quemamos copal mientras la luz cambiaba en el cielo. Luego nos sentamos en meditación por un rato. No había sonido. Todo estaba calmado.

Justo cuando salíamos de la meditación, uno de los panes en forma de gente pequeña cayó en frente de mí. Volteamos a vernos y sonreímos. No había manera de que el pan se hubiera soltado. Estaba amarrado. La tía siempre me dijo que los ancestros dejaban señales sobre o alrededor del altar. Ví muchas veces como algunas de las ofrendas estaban parcialmente consumidas.

El siguiente día nos levantamos a la misma hora para meditar en frente del altar. Sentados en la obscuridad con luz de vela, meditamos hasta pasado el amanecer. Todo estaba en silencio, sentíamos gran calma y una presencia cálida. Entonces uno de los panes cayó justo en frente de Renie. Una vez más nos vimos sin poder creerlo y empezamos a reírnos.

Cuando la familia empezó a llegar le dijimos a la tía lo que había sucedido. Ella se rió con conocimiento. Entonces el día comenzó con su forma especial ofreciéndonos dulces tamales hechas con sus manos amorosas y chocolate caliente.

Las costumbres cambian en los pueblos, pero en general, noviembre primero y dos son días de profundo recuerdo. Esto incluye visitar las tumbas de los ancestros en los panteones locales y limpiar las tumbas. La actividad siempre es conmovedora y que te conecta con la persona de la tumba. Te permite saber que tú también vas a morir y que puede ser pronto.

Estando físicamente presente en el cementerio, en compañía de los miembros de la familia y otros pobladores que están realizando la misma actividad es una experiencia que une a todos profundamente. Caminamos en una procesión en fila india, algunos miembros de la familia llevando escobas y cubetas de agua, otros llevando brazos llenos de flores y velas. Todos estaban limpiando las tumbas y llorando, saludando a otros pobladores que no habían visto durante algún tiempo, algunos regresaban de trabajar en tierras lejanas. Todos los corazones y mentes enfocadas en los que habían partido y eran honrados.

Como era costumbre en el pueblo, los espíritus son llamados con cuetes al medio día del primero de noviembre. Entonces la familia se reúne en el altar y enciende velas de cera de abeja y copal. Mientras que el aroma delicioso de esta resina llena el cuarto atrayendo a los espíritus para que vengan, se hacen oraciones a los ancestros. Cuando terminaban las largas oraciones la familia y los amigos se abrazaban, se prestaba un homenaje especial a los ancianos vivientes y la fiesta comenzaba con un brindis ceremonial con mezcal y continuaba celebrándose con mole.

Estos dos días se pasaban generalmente visitando y festejando. No se trabajaba. El dos de noviembre se lleva acabo una celebración en el cementerio. La gente venía vestido con sus mejores ropas. El dos de noviembre después del medio día las ofrendas del altar eran dadas a los visitantes. El intercambio de la comida era un factor de union en la comunidad. La comida era intercambiada entre los vivos y los muertos. Los espíritus eran despedidos con otra ronda de cuetes al medio día. La noche del dos había un baile en el pueblo. Bailando los espíritus.

La belleza creada para los ancestros causó en mí un renacimiento. Algo que había sido casi olvidado de alguna manera, se reencendió. Esto fue un regalo de la tía para mí. A través del recuerdo de esta práctica, no solo en mente si no en acción esto trajo a mí gran paz, alegría, riqueza, asombro y contento y a todos a los toco. Muchas veces Doña Julieta me decía, "Somos unas pocas onzas de polvo y ceniza."

CAPITULO 32 EL VIAJE AL NORTE

Durante mis años de aprendizaje con Doña Julieta, tenía el deseo que ella pudiera venir a EUA, para enseñar acerca de los hongos sagrados. Le hice muchas peticiones diciéndole acerca de cuantas gentes tenían interés en la medicina. Cada vez que le preguntaba acerca del viaje, solo sonreía.

Viendo la cantidad de trabajo que tenía diariamente bajo sus hombros, era difícil que se fuera. Platique con ella acerca de llevarla al norte con su esposo. El me pregunto porque quería que fuera. Le dije para que enseñe. "No tiene nada que enseñar." "A demás no hay nada en el norte, solo puro desierto."

Lo miré incrédulamente. Su opinión acerca de que existía en el norte estaba basado en un viaje que alguna vez hizo al norte de México, y era verdad, hay mucho desierto. En cuanto a lo que Doña Julieta tiene para enseñar, no tenía mucho valor para su sabiduría.

Debido a la actitud de su esposo, doble mi esfuerzo para sacarla del pueblo. Esto necesito de colaboración, recluté a mi hermano nene Jimmy para que me ayudara. El fue muy amable actuando como intermediario cuando necesitaba apoyo tratando con el esposo. Además de tener el permiso de su esposo para salir, estaba el asunto gigante de obtener una pasaporte y una visa.

Esto se demoró por muchos años. Y un día Doña Julieta anunció que tuvo una visión en la que la instruían para hacer un viaje conmigo. Para obtener el pasaporte y la visa de Doña Julieta, uno no puede imaginarse que tanto papeleo y dificultades incluyendo mucho dinero. Es decir muchos viajes a las oficinas del gobierno a la lejana capital. Esto llevó mucho tiempo y gran esfuerzo. Finalmente cuando los papeles salieron, milagrosamente, obtuvo una visa por diez años. Estaba eufórica. Comencé el movimiento al llevarla a los EUA. Esto tomó mucho planificación y contactos.

Decidimos que la mejor época del año para ir era en invierno, porque sus obligaciones en la casa eran mas ligeras. La cosecha del café no era sino hasta la temprana primavera. Así que había un espacio de tiempo abierto para que ella viajara. Nuestro viaje comenzó en la fiesta de los Reyes Magos, enero seis. Decidimos que sería un día favorable para entrar a el EUA. Nuestro avión dejo la ciudad de Mexico en la noche. Caminamos a través del aeropuerto y vimos en exhibición un estatua de Xochipilli, la deidad conectada con las plantas psicotrópicas.

Finalmente abordamos el avión y me aseguré que tuviera el lugar de la ventana. Ella estaba aprensiva pero con el espíritu de aventura al momento de despegar. Alcanzó altitud y ella miró hacia afuera a la obscuridad de la noche y las muchas estrellas. Su cara estaba radiante volteó hacia a mi sonrió y dijo, "¿Podemos abrir la ventana?"

Volamos por horas y toda esta experiencia fue un gran descubrimiento del mundo externo de Doña Julieta. Aterrizando en Arizona, esperamos en fila para la aduana. Estaba muy contenta y hablaba con la gente que estaba en la fila cerca de nosotros. "Este es mi primer viaje a america", decía muy feliz. Un oficial de migración femenino se acercó en la fila y se paro cerca de nosotros. "Es mi primera vez en america", volvió a decir la oficial.

En el momento no sabía como reaccionar así que sólo guardé silencio y observé. Afortunadamente la oficial estaba un poco desconcertada con sus palabras. Ella sonrió. Llegamos al frente de la fila y Doña Julieta pasó primero. Recé que todo fluyera suavemente. Pasó fácilmente.

Llego mi turno y me moví hacia la oficial, Doña Julieta esperaba justo delante de mí y relativamente a una distancia cercana. El oficial me vio, y entro a mi información en la base de datos. Entonces en lugar de permitirme pasar, el oficial me hizo esperar ahí y llamo a su superior. Me preguntaba que estaba sucediendo, ya que mis papeles estaban en orden. Comenzaron a preguntarme. Permaneciendo en calma contesté, luego viendo hacia a Doña Julieta le hice una seña que había un problema. Sobrepesando el momento, decidí hablar, "¿Cual es el problema oficial?" "¿Ha cruzado la frontera aquí en los últimos meses?" "No señor." Me miraban. Entonces viendo de reojo, vi a Doña Julieta soplar desde atrás sobre los oficiales.

"Seguramente no hay dos gentes con el mismo nombre y el mismo número de pasaporte...." dije. Entonces me dieron mi pasaporte y me dejaron pasar. Fui la última en salir de los pasajeros de ese vuelo. Doña Julieta se rió y me preguntó que había sucedido. Esto fue nuestra entrada a los EUA.

En este viaje había muchas cosas nuevas para Doña Julieta. Como aprender a pasar puertas automáticas y escaleras eléctricas. El viaje necesitaba mucha coordinación y colaboración de mucha gente. Empezamos en Arizona, viajamos a California, Nuevo Mexico y terminamos en Texas.

Durante seis semanas de viaje intenso hubo muchas ceremonias de medicina, pláticas y curaciones. Ceremonias especiales para la Madre Tierra se hicieron en Esalen y Nuevo México. Todos se beneficiaron de su presencia.

En el norte de California hicimos unas cuantas ceremonias. Conforme la magia fluía, se hicieron conexiones y para nuestro gusto, conocimos al Dr. Tom Pinkson de la comunidad Wakan. Pasamos un tiempo excelente enseñando al aire libre en Slide Ranch en el borde verde del acantilado arriba del Pacífico azul. Sue que vivía ahí estaba embarazada y entro en un parto falso y Doña Julieta sabía que hierbas juntar para un té, para calmarla y mantener el bebé dentro.

Un pequeño grupo de gente se junto en una noche de tormenta en el valle de San Gerónimo para una velada, toda una noche de ceremonia. Era la primera vez que esta sagrada ceremonia se hacía en California. Fue hermosa y por momentos muy intensa, con grandes resultados curativos. Este evento fue conmemorado por Tom Pinkson en su Gifts from the Brown Madonna (Regalos de la Madonna Morena - Cuentos del Abuelo Fuego). La hermosa amistad y apoyo de Tom y las Wakanistas continúa hasta el presente.

El viaje no fue fácil. Durante una ceremonia en un otro lugar, sucedió algo que me puso los pelos de punta, con un poderoso espíritu que tomo posesión de Doña Julieta. Hubo una lucha para sacar al espíritu de Dona Julieta. Afortunadamente estábamos acompañados por un hombre sabio que también era un curandero. El me ayudó en la intensidad y nos asistió para huir de ese lugar. Conduciendo hacia abajo de la montaña vino en frente de nosotros un lince y luego brincó entre los arbustos. Llamé a una amiga que vivía cerca y le pedí un santuario relatándole lo que había sucedido. Paramos por un rato en Palo Alto. Llamé a mi hermano Mara'akame Tom Pinkson que nos había ayudado en nuestras actividades en el condado de Marín y le pedí que hiciera un curación para ella. El espíritu había mostrado extraño comportamiento en ella y estaba energéticamente muy vulnerable.

Después de algunos días de total descanso, se recuperó. Viajamos hacia al sur a la hermosa costa de California hacia nuestro próximo encuentro en Esalen. Tomando tiempo para viajar para encontrarnos con la puesta del sol, estábamos en la costa cerca de Big Sur. Nos paramos en el lado de la carretera de la costa del Pacífico y nos bajamos del carro al ver la puesta del sol. No había viento y la temperatura era perfecta. El cielo era rojo mientras el sol empezaba a tocar el horizonte.

Entonces por magia, el sol tomo la forma de un gran hongo mientras bajaba. Nuestro protector C. Jay me miró con la boca abierta, mi boca también estaba abierta. ¡Increíble! Doña Julieta solo se rió de nosotros con un guiño en el ojo.

Pasamos unos días gloriosos en Esalen, curando en las exquisitos manantiales de aguas termales. Muchos años antes tuve la intuición de que tenía que llevarla a ese lugar. Entonces, cuando hicimos nuestra primera enseñanza en Arizona conocimos a C. Jay quién después fue nuestro protector, y era un excelente curandero en Esalen. Le expliqué mi visión de que ella estuviera en Esalen. El hizo todo los arreglos.

Desde la visión de Dona Julieta, dijo que se tenía que hacer una ceremonia ahí, entonces mucha gente vino a ayudar para juntar lo necesario para las ofrendas. Temprano en la mañana hicimos la ceremonia de Pago a la Tierra. Era la primera vez que se hacía en EUA. Todos estábamos conmovidos. Era muy especial hacer la mágica conexión con C. Jay y estábamos muy contentos y con gusto de tenerlo cerca.

Habíamos estado viajando por varias semanas y Doña Julieta

empezaba a extrañar su tierra. Todavía venían varias semanas de actividades. Hasta ahora el buen tiempo nos había favorecido pero esto pronto cambiaría.

CAPITULO 33 INCIDENTE EN CHIMAYO

La siguiente de la última parada de nuestro viaje después de muchas pruebas y tribulaciones fue en Santa Fé, Nuevo México. Llegamos en un clima muy frío. Mientras nos llevaban del aeropuerto de Albuquerque hacia Santa Fe una tormenta de nieve comenzó a caer. Esta era la primera vez que Doña Julieta veía nieve así que era maravilloso para ella.

Este viaje era muy cansado y nos dormimos durante el camino. Mientras nos conducían se contaba un cuento sobre como en ese tiempo los últimos argumentos en la corte de Nuevo México eran acerca de la legalización del uso del peyote para la Iglesia Nativa Americana. También se oía que Doña Guadalupe, una anciana Huichol y chamana de México, estaba en Santa Fé para apoyar la medicina para que la ley estuviera a favor de todos aquellos que participaban en los sagrados sacramentos.

Estaba muy contenta al oír acerca de esto y sabía la importancia de que Doña Guadalupe estuviera ahí. Esta abuela anciana era una de las pocas chamanas que cargaba el linaje de las sagradas medicinas de México. Nos explicaron que esa tarde habría una celebración de bienvenida de Doña Julieta y que Doña Guadalupe estaba ahí. Doña Julieta estaba muy contenta y esperando a ver a Doña Guadalupe. Después de un pequeño descanso en Santa Fé, nos preparamos para la tarde. Nos vestimos con nuestros huipiles ceremoniales y nos llevaron en carro al lugar donde tendría lugar de la recepción.

La nieve continuaba cayendo y para el tiempo en que llegamos a la casa había cuatro o cinco pulgadas de nieve en el suelo antes de la puesta del sol. Así que fue maravilloso para nosotros ver esto. Fuimos adentro y fuimos recibidos por la gente y poco a poco otra gente nativa llegó, también otras gentes de la comunidad.

Un poco antes de que empezara la ceremonia Doña Guadalupe y Doña Julieta se conocieron. En el instante en que se saludo una a la otra me di cuenta que estaba presenciando un momento único en el tiempo. Parecía estar suspendido.

Dos de las grandes chamanas de México sustentadoras de dos grandes caminos de medicina, la medicina del peyote y los sagrados hongos estaban intercambiando kupuri (palabra Huichol para la fuerza de vida – energía). ¡Que se estaban encontrando bajo estas circunstancias, que gran fortuna! En ese momento de reconocimiento en sus ojos, y en sus sonrisas divinas radiantes lo decían todo. Era sorprendente en esta oportunidad que yo podía ser tan favorecida para estar en el mismo cuarto con ambas. Todos estaban emocionados. Era un momento histórico de ellas.

Mientras continuaba la tarde me presente a Doña Guadalupe y traduje para ellas una buena parte de la tarde. La larga ceremonia fue hecha por un hombre nativo que hablaba en inglés. Esa tarde la pasamos en buena compañía con mucha gente con alma que estaban ahí no solamente a dar la bienvenida a Doña Julieta si no también para deleitarse en la increíble luz de estas mujeres excepcionales.

La nieve continuó cayendo afuera así que decidimos irnos temprano debido a la condición de las carreteras. Cuando salimos la nieve estaba mas profunda y estuvimos en un mundo maravilloso, invierno. Regresando de noche en carro a nuestro lugar fue un viaje resbaladizo. Los caminos estaban con nieve profunda y estaba preocupada porque llegáramos a salvo. Cuando llegamos y salimos del carro, los ojos de Doña Julieta estaban realmente grandes, pues nunca había visto tanta nieve.

La lleve a la casa y le dije que teníamos que ir afuera. Fuimos a la recámara y nos cambiamos nuestras ropas para el frío. La envolví en mi chamarra, pantalones, y botas y fuimos solas afuera a la nieve que caía silenciosamente. La lleve a una calle donde las casas no estaban muy juntas. Caminamos silenciosamente tenuemente iluminadas por las luces de la calle mientras la nieve caía suavemente.

Seducidas por la magia del escenario como si alguien hubiera ondulado una barita mágica, rompimos en risa y jugamos. Le enseñe como correr y cachar copos de nieve en su lengua. Ambas tuvimos un tiempo maravilloso corriendo alrededor en la noche haciendo esto en la delicia de la nieve cayendo.

Ella nunca había usado botas o guantes o sombreros como estos, o chamarras grandes de plumas de ganso para que no tuviera frío, entonces era toda una visión verla vestida así y corriendo alrededor cachando copos de nieve en su lengua. Continuamos jugando en la nieve, bajando en la calle y haciendo bolas de nieve. Tuvimos una mini batalla de bolas de nieve en la obscuridad, realmente metidas, soltando la tensión del viaje. ¡Fué bueno, y fué divertido!

Llegamos a hermosos árboles de pino cuyas ramas tenían apiladas pulgadas de nieve y comimos nieve de sus ramas. Puso su cara en la nieve y lamió las ramas. Finalmente debido al frío caminamos a traves de la tormenta de nieve y regresamos a la casa mientras la nieve continuaba cobijando todo.

En la mañana cuando nos despertamos el sol había hecho su

trabajo deritiendo la nieve de la noche anterior. Había muchos carámbanos colgando del techo de la casa y de muchas plantas que rodeaban la casa. Salimos y nos maravillamos de los carámbanos. Ella nunca había visto hielo como esto antes y tomamos turnos para chupar los carámbanos. Todo parecía nuevo, una nueva experiencia climatica.

Ese día fuimos llevados a las tierras ceremoniales del área de Santa Fé y conducidas a través de pequeños pueblos yendo hacia un sitio antiguo. Espontáneamente nos paramos en el camino. El cielo estaba gris y parecía pesado como si fuera a nevar nuevamente. Decidimos jugar en la nieve por un rato y nuevamente tuvimos una maravillosa batalla en la nieve.

Después de manejar por un tiempo finalmente llegamos a los antiguos vestigios de viviendas en el acantilado donde nos maravillamos por el tamaño de lo que los antiguos habían hecho. Estábamos impresionadas sobre la forma maravillosa en la que vivieron incluso en este clima tan frío. Caminamos alrededor y vimos las escaleras hechas de grandes troncos que se extendían veinticinco pies arriba, que servían a los habitantes de las viviendas en el acantilado para ir de un nivel a otro. Era hermoso y espectacular.

La siguiente mañana nos levantamos antes del amanecer y salimos en la obscuridad para ir a la primera misa del día en Chimayo. El camino para ir allá estaba muy solo. Eramos el único carro viajando a esa hora. Para el tiempo en que llegamos en frente del santuario la luz comenzaba el amanecer. Entramos por la puerta de afuera al vestíbulo y la primera misa de la mañana ya había comenzado.

Cuando entramos había unas cuantas personas, un puñado,

quizá cuatro sin incluir el sacerdote. El interior del lugar con sus inusuales pinturas estaba iluminado por perturbadoras luces brillantes. Nos sentamos en la parte de atrás y cuando la misa siguió, Doña Julieta empezó un acto de penitencia. Durante la mayor parte de la misa ella permaneció arrodillada en el piso de piedra y caminaba sobre sus rodillas, rezando. El piso estaba muy frío y muy duro y continuó así por mucho tiempo.

Finalmente cuando la misa terminó y la gente empezó a salir pregunte al sacerdote si era posible que los tres de nosotros, el chofer, Doña Julieta y yo permaneciéramos, para meditar por un rato en la iglesia e ir al santuario. El estuvo de acuerdo y nos pidió apagar las luces cuando nos fuéramos. Cuando toda la gente se fue y la iglesia permaneció en calma, nos sentamos en frente del altar en la primera fila e hicimos oraciones. Había dos altares, uno superior y uno inferior, cada uno adornado con velas y algunos adornos.

Cuando nuestras oraciones terminaron le mencioné a Doña Julieta que viniera al verdadero santuario al lado de los altares. Ahí en la parte de atrás había un pequeño cuarto con un hoyo escarbado en el piso de tierra, en donde había un montoncito de tierra suelta. Se dice que la tierra aquí tiene poderes curativos. Dentro de ese cuarto había en las paredes todo tipo de retablos. Este lugar era un muy, muy viejo lugar donde muchos milagros habían ocurrido, especialmente curaciones debido de la tierra de ese lugar. Habían un ante cuarto en frente del verdadero santuario donde había muchos objetos donde la gente curada había dejado en honor a ese lugar. Entre ellos estaban muletas, bastones y muchos retablos, pequeñas pinturas que fueron hechas acerca de los casos que se curaron a través de la intercesión de oraciones que se hicieron en ese lugar o por la ingestión de la tierra de ese lugar.

En el ante cuarto con luz tenue había un cuarto largo que en ambos lados había pinturas de muchos santos, así como fotos de muchas personas que se habían curado y debajo de ellas oraciones y agradecimientos. Doña Julieta me llamó afuera hacia la capilla principal y la seguí y me miró. Había ido a hacer oraciones y poner algún dinero, me dí cuenta que abajo de la caja de donaciones un lugar para peticiones, con velas prendidas. Vino amablemente y de prisa y dijo, "Las velas, las velas, coje las velas del altar, las necesito."

Sabía que nuestro conductor estaba viendo por un lado se choquió cuando me pidió que tomara las velas del altar, pues el era un ex-católico todavía con las marcas católicas en su mente. En ese momento, estaba en un dilema porque estábamos en una iglesia católica y se me pedía que tomara las velas del altar. Confronte la pregunta conmigo mismo, "¿Era esto un acto de robo o robar en relación a otro trabajo chamánico que iba hacer hecho?"

En este instante para mí era una prueba para inundarme o nadar. Entonces yendo en contra de lo que estaba dentro de mis entrañas de no tocar nada que estaba en el altar, tome ambas velas y la seguí rápidamente al ante cuarto del santuario donde todos las muletas y bastones estaban colgados. La mire y le dije, "¿Pero mamá, no pienso que es buena idea que sacar estas velas fuera del altar?" Y me dijo, "Mira, puse suficiente dinero en esa caja de donaciones para comprar muchas velas, necesito estas velas ahora." Entonces lo hice y se las dí.

Las tomó de mis manos y muy rápidamente comenzó a trabajar con furia, frotando las velas en las pinturas sagradas haciendo pasos. Ella estaba recitando muchas oraciones y enfocada en su concentración de recoger energía de las pinturas y llevarlas hacia las velas. La miré y la seguí con intención. Me dio dos velas y me instruyó de hacer lo mismo. Y entonces después de que toda la sala fue completada y que ninguna pintura del santuario o de ante cuarto se dejó sin hacer, salimos con nuestras velas cargadas.

Busqué alrededor a nuestro conductor y no se encontraba por ningún lado. Me di cuenta que dejó la iglesia friquiado por lo que había presenciado. Y entonces fuimos al carro y lo encontramos afuera del estacionamiento. Pensé que como este tipo estaba tan interesado en el chamanismo, en este momento no tuvo la lucidez para permanecer en la verdadera acción que estaba sucediendo. Me dio pena por él ya que se perdió de una oportunidad interesante. Nos subimos al carro y no se dijo ni una palabra mientras manejamos hacia el amanecer bajando por los sinuosos caminos de Chimayo a Santa Fé.

Era un día para recordar. Todo esto causó una profunda reflexión en mi mente acerca de las formas de trabajar, de las formas de poder y energía en relación a ciertos espacios. Doña Julieta me pidió que pasara sobre la línea que no era muy clara en mi mente, y solamente cruzándola pude ir al otro lado de mis propios conceptos.

Al principio había la idea de tomar algo, de un lugar que era considerado especial o un lugar sagrado. Sin embargo siendo abierta y dándome cuenta que esta forma particular de cargar velas en lugares específicos donde se había hecho mucha curación, es algo muy chamánico y es algo muy espiritual.

Lo que Doña Julieta hizo fue tomar recursos energéticos que estaban disponibles y que aparecieron, y usarlos en una manera rápida para juntar exceso de energía almacenada para usarla en futuras curaciones. Sabiendo que esta era el caso fue que me permitió continuar sin ninguna duda y asistirla. Sabiendo que ella supo lo que hacía. Y que yo su estudiante, tenía que soltar todos mis conceptos, e ir hacia adelante, confiando que me estaba guiando de buena manera. Reconocí esto mas adelante en un posterior estudio detallado de toda la situación, como tenemos que tomar una mirada cercana y relativa a la verdad última.

Nuestro chofer, me dí cuenta por otro lado, estaba atorado en todos su conceptos y fue incapaz de ver este tipo de actividad, y tomar las velas del altar fue realmente usado como algo positivo. Me dí cuenta que estos son formas espontaneas de habilidades que uno tiene la suerte de atestiguar en raras ocasiones. Estaba impresionada por su impecabilidad al obtener exactamente lo que ella quería y reconocer que todos los elementos estaban ahí y listos para ella para sus necesidades y eran parte de su trabajo de curación.

Me dí cuenta que tenía que cortar con todos los juicios en ese momento para poder llegar a un entendimiento posterior acerca de la verdadera realidad. Tuvé que cortar todos mis conceptos precondicionados. No se si el chofer cortó los suyos viendo que él estaba interesado en las mismas formas de poder. A traves del frío invierno la mágia en uno de los rincones de Nuevo México fué llevado a la Sierra Mazateca. En esta manera la antigua tradición de las chamánes que viajan, eso que trae elementos energéticos de lejos a su gente, continúa. La red de energía entre el norte y el sur se fortaleció.

CAPITULO 34 EL AGUANTE CUENTA

Nuestro viaje al norte estuvo lleno de eventos. Conocimos a cientos de personas e hicimos muchas curaciones y ceremonias. Estuvo bien.

El último lugar que visitamos fue Austin, Texas, donde hubo un buen encuentro. Estábamos cerca de la frontera con México y Doña Julieta tuvo un buen numero de gente local que hablaba español y vino a conocerla.

Texas es un lugar maravilloso, y su antigua población mexicana tenía un respeto inherente a las curanderas. Mucha gente vino para curaciones y tuvimos que descansar un poco. Era hacia al final del viaje que para este momento ya se había prolongado.

Ella estaba contando sus dias de partida, cuando un caso inusual se presentó. Un talentoso artista que sufría de epilepsia le pidio una curación. Y entonces hicimos una velada para él.

Cuando empezamos la ceremonia por la tarde, Doña Julieta junto todos los elementos ceremoniales, dentro de los cuales me di cuenta había una botella de tequila. A demás de nuestro copal y tabaco, ella había pedido mis plumas rojas de guacamaya. Esto era inusual.

Estaba ahí para una gran experiencia de aprendizaje. Como estábamos al final de un largo y algunas veces duro viaje, estábamos cansadas. Pero como las cosas suceden, generalmente estos son tiempos donde eres probado y llamado energéticamente para seguir una milla extra.

Y así era. La ceremonia fue bien por un rato, y luego se volvió muy dramática, con el hombre entrando en un ataque gran mal. Retorciéndoce en el piso y hechando espuma por la boca, era tan lamentable. Trabajamos en él intensamente por mucho tiempo hasta que las contorciones pasaron.

Cuando su cuerpo estaba en calma, Doña Julieta me dió la botella de tequila, y me dijo, "Toma un buen trago de esto." Lo hice y ella hizo lo mismo. El tequila era nuestra medicina para calmar la energía interna.

Nos sentamos cerca de la vela, mientras el tiempo pasaba, solo con los sonidos de las criaturas de la noche del bosque abajo. Nuestros corazones entraron en oración por nuestro hermano, y después de un rato el comenzó a regresar a su cuerpo. Pronto estaba sentado y se sentía energétizado.

El estaba fascinado con la vela y Doña Julieta la puso frente a él y dijo unas palabras curativas. Luego tomó la pluma de guacamaya roja y se la dió a él. Cuando la tocó, algo le sucedió. Algo profundo se liberó. Se entro en una gran paz, fijándose en la vela y viendo lo que nosotros no podíamos ver.

Continuamos rezando atestiguando la curación. El pronto se relajó y se acostó a dormir. Dijimos oraciones de agradecimiento por la posibilidad de servir en una ceremonia y por la curación. Casi energéticamente agotadas, nos acostamos, todos durmiendo juntos en el piso. Vino el amanecer, y seguimos durmiendo de largo.

La manana temprana nos encontró en reposo pacífico. Despertando suavemente juntos. Me senté y ví el cuarto. Parecía como sí una gran lucha hubiera tenido lugar, con cosas tiradas por todos lados. Habíamos peleado por su espiiritu. El quedó con su pluma roja de guacamaya que estaba destrozada por su manipuleo.

El día de la partida había llegado y dijimos adios a nuestra banda en Austin. Doña Julieta quería visitar a su hijo que estaba viviendo en Monterrey al norte de México. Así que volamos para allá. A nuestra llegada estaba excitada de regresar a México. Extrañar su tierra fue algo muy duro para ella. Ella nunca había estado fuera de su casa por tanto tiempo.

Su esposo había salido de la Sierra Mazateca por autobús a Monterrey para encontrarla. Hubo una gran reunión y celebración con su hijo y su famila extensa. Nos quedamos algunas dias y yo estaba bastante incómoda de estar ahi, mucha gente en cuartos apretujados y gran escena familiar. No podía salir de ahi tan rápido.

Volamos hacia la ciudad de México, y era el primer vuelo en avión para Venancio. Tuve que explicarle cosas acerca del vuelo y acerca del baño. Estaba perplejo. Se sintió bien volando y no fué un vuelo muy largo. Una vez en México, nos quedamos en la casa de uno de los miembros de la familia extensa.

Doña Julieta rapidamente fue absorbida por la política de la familia. Yo casi no estaba en mi cuerpo. Mucha gente me colmó el plato, y escapé de la casa y fui a un museo. Bebiendo la medicina del arte, decidí dejar rapidamente la ciudad y buscar refugio con amigos en la costa de Oaxaca.

Salí y compré un boleto de avión para la proxima mañana. Regresando a la casa en la noche, Doña Julieta estaba rodeada con miembros de la familia y cuando hubo un momento le anuncie que iba la siguiente mañana. Ella no quería que me fuera y quería que la acompañara a su pueblo.

Le dije que me iba y que su esposo podía acompañarla. No estaba muy contenta. No estaba segura de lo que se iba sacar de la manga. Antes de dejar la casa me di cuenta que algo estaba sucediendo en la casa de la familia en la sierra. Antes hubo una llamada telfónica con algunas noticias. Doña Julieta estaba molesta.

Supe que la familia estaba envolucrada en problemas y yo no iba tomar parte en esto. Tenía que cuidarme. Esa noche, tuve un extraño sueño, un sueño lúcido de que alguien había sido enviado para no permitirme salir.

En la mañana decidí salir muy temprano. Me despedí, dejando a Doña Julieta en manos de su familia. Afuera en la calle tome un taxi y llegué al aeropuerto. Cuando me sente en el avión, me sentí libre. Había sido una gran responsibilidad.

Llegando a Puerto Escondido, fui a un hotel, y completamente exhausta comencé un serio trabajo de curación para mí misma. Mi cuerpo estaba tan cansado. Llame a mis amigos Pati y Alejandro y quienes con sus hermosos manos construyeron un hermoso lugar de curación, Temazcalli. Estos maravillosos curanderos me cuidaron totalmente. Reviviéndome con temazcales, masajes y buena comida.

Su amable y amoroso presencia ha sido maravillosa a través de una amistad de muchos años. Meditamos y bailamos juntos. Los domingos ibamos a viajes de un día a playas cercanas, y en un estuario en la boca del océano me dieron una experiencia revitalizadora de watsu.

Pase unas semanas revitalizando mi energía con mis amigos en el Pacífico. Tardes de puestas del sol en la playa, largas caminatas, meditación, y retiro. Después de un largo viaje, fui bendecida con una renovación primaveral.

CAPITULO 35 REGRESANDO A LA SIERRA

El viaje al norte con Dona Julieta altero completamente mi situación de vida. Regresando a los Estados Unidas empaqué mis cosas y me mudé a California. En el camino viajé a través del sudoeste siguiendo mi nariz y a la energía. Fue maravilloso permitirme ver una de las maravillas naturales del mundo, las cavernas de Carlsbad en Nuevo México. Fuera de temporada turística vagué relajadamente a través de las profundidades de nuestra Madre Tierra en asombro por sus creaciones bajo tierra.

Era tarde en el día, cerca de la hora de cerrar, la policía del lugar me dijo que me sentara afuera de la boca de la caverna para ver una maravilla. Eramos como treinta que nos sentamos y esperamos que la luz empezara a cambiar. El color del cielo cambio de azul a morado. Poco a poco, aquí y allá, comenzaron aparecer rápidos objectos negros voladores. Era difícil distinguir que eran al principio porque volaban muy rápido. Y entonces como si abrieras una llave y saliera un rápido chorro de agua, salieron como espirales de nubes miles, y diez miles, quien sabe que número incontable de murciélagos, volando hacia arriba y dando vueltas, y vueltas.

Viéndose como embudos de una masa negra en movimiento, un gran número de ellos voló en una sola dirección, y el siguiente remolino emergente salió en otra dirección. Podía sentir el viento de sus alas. Así era observar este masivo remolino de nubes de murciélagos en el cielo al cambiar al anocheser con la luz de las estrellas. Los murciélagos continuaron saliendo casi sin distinguirse en el cielo nocturno. Esto me llevó a una meditación de murciélagos, sobre como estas maravillosas criaturas que pocas gentes consideran, realizan una sorprendente hazaña en la naturaleza comiendo masas de insectos y polinizando muchas plantas. Cada clan de murciélagos dentro de las cavernas tiene su dirección especial para volar hacia las cosechas nocturnas. Atestiguando esto me hizo pensar que fuí llevada a algo especial y inesperado en mi viaje. Esto es lo que yo llamo la mágia del camino.

Como un doctor tomando el pulso, yo viaje hacia el norte de California, buscando un nuevo lugar para establecerme. Aterricé con mis amigos del area de la bahía de San Francisco. Después de un cierto número de meses surgió la oportunidad de regresar a México. Brinqué a ésta oportunidad. Había estado en un area densamente poblada y anhelaba lo silvestre.

Fuí recibida por mi hermano nene Jimmy en el aeropuerto y cálidamente recibida nuevamente de regreso en la ciudad de México. A la siguiente mañana salimos y conducimos hacia la sierra. Nuestra conversación en el camino fue larga, con una recapitulación del viaje al norte con Doña Julieta. Los caminos locales estaban vacíos.

Nuestra plática giró en torno de nuestras viajes. El camino de tierra sinuoso hacia la sierra había estado en construcción por diez años. Como de costumbre en esos caminos uno tiene que esperar lo inesperado.

Para nuestro placer nuestro viaje continuó sin impedimentos, y para cuando llegamos al Plan de Guadalupe amanecía. Cuando pasamos a traves de las aparentemente calles desiertas, poco a poco vimos señales de gente comenzando su día. Era una amanecer hermoso, calmado y claro. Todo el aire era fresco. Iniciamos nuestro descenso a traves de muchas curvas en el camino yfinalmente llegamos al río. El río era como un portal hacia un mundo interno. Era una arteria de vida. Un flujo de líquido mágico de bienvenida hacia esta tierra mágica.

Seguimos el río y empezamos a subir al pueblo. De la orilla del río, ví hacia arriba de la montaña el camino hacia el pueblo, y mi boca se abrió. Bajando venía un microbús y la carretera estaba pavimentada.

"¡Un microbús!", grite a Jimmy. "¡El camino esta pavimentado!", volví a gritar. Mis ojos estaban sorprendidos incrédulos. Estaba asombrada. Me vio con compasión.

Miró al microbús negociando una curva notoria en el camino, donde un manantial surgía del empinado lado de la montaña, constantemente causaba deslaves desde hace mucho tiempo, obstaculizando cruzar en la temporada de lluvias. Por años había atravesado esta curva, algunas veces a pie atravesé en el lodo este derrumbe peligroso. Los pobladores habían vivido con este derrumbe como parte de la naturaleza en la montaña.

Estaba atestiguando que algunas personas llaman progreso. Para mi el gran shock fue que el camino hacia el pueblo había sido pavimentado. Ese camino inolvidable como el último obstáculo después de un viaje difícil, era la razón para sentir un gran aleluya, llegando y caminando a través de la reja de la casa de Doña Julieta.

Mas de una vez los visitantes tuvieron que regresarse debido a esa curva. Ahora, estaba atestiguando un transporte público bajando de la montaña. Increíble. Algo había cambiado radicalmente.

Atravesamos la puerta de la casa, fuimos cálidamente recibidos. Había mucho de que hablar. Más grandes noticias para el pueblo era que se había puesto un teléfono. Ahora con un nuevo camino y comunicación la vida del pueblo estaba permanentemente alterada de su calma original.

Nuestro viaje al norte había abierto un nuevo mundo a Doña Julieta. De nuestro duro trabajo, ahorró suficiente dinero para realizar un sueño que tenía desde hace mucho tiempo. Me llevó arriba y me mostró la nueva farmacia que había hecho. Entusiasmada con su logro, ella había construido de la nada un cuarto que contenía medicinas para el pueblo.

Entendí la importancia de este momento y llamé a sus hijas y su nieta para tomar una foto de su momento histórico. Posando atrás de una vitrina, se veían contentas. El fruto de mucho trabajo era muy dulce.

Jimmy y yo nos deleitamos con el gran logro. Doña Julieta y su familia estaban felices. Nos quedamos por algunos días y continuamos percibiendo los cambios que habían sucedido.

La leña era difícil de obtener. Los campesinos dejaban sus tierras, algunos dejaron de sembrar o estaban limitando su siembra. Los precios de café habían caído radicalmente y los campesinos estaban afectados. Los campesinos estaban viendo los efectos del uso de pesticidas en su medio ambiente.

Cuando los campesinos dejaron de sembrar, esto cambió la economía y obligó a la población indígena local a tener que usar dinero. Tenían que comprar maíz, la base de su sustento.

La conversación se calentó con Venancio después de unos cuantos tragos de aguardiente. Se quejaba de George Bush Sr. y acerca del tratado de comercio de NAFTA que realmente perjudicó a los campesinos nativos. Realmente tenía rabia. Es inusual ver a un hombre indígena fuera de sus casillas. Esto fue inimaginable. Y de repente me converti en el Americano FeoMe sentía tan desconectada de la escena política americana. Por mucho tiempo había sido un activista ambientalista, pero después de esto dirigí mi energía a mis propias cosas. Era tan incómodo la reacción de Venancio que me despertó, y llevó mi atención a lo que estaba sucediendo con el control del abasto de alimentos.

Llego el momento de partir al día siguiente, y al partir, Doña Julieta dijo, "Vamos al norte a enseñar de nuevo." Tuve un destello instantaneo. No iba suceder otra vez.

A nuestra partida nos dió una bendición tradicional, una limpia con humo de copal. Al aroma inolvidable de la memoria de la ceremonia y de la sierra. Me despedi de la familia y mi fui. No voltié hacia atrás.

CAPITULO 36 CUANDO EL TRADUCTOR SE VUELVE EL MAESTRO – CARGAR EL BULTO

No creó que nadie puede entender el impacto para la mente indígena atestiguando la rapidez y complejidad del cambio que se llevó a cabo en la sierra. Y aún, con caminos llegando a la región permitiendo la entrada de todo tipo de cosas en esta tierra, antes bastante escondidas, la mágia aún es fuerte. Lo que ocurre aquí, curaciones inexplicables es la manifestación del Todo Poderoso.

Atestiguando la naturaleza misteriosa y poderosa, las energías ocultas, los espíritus, los seres interdimensionales, movimientos extraños de animales e insectos, los fenómenos celestes, los augurios, y mucho más, estas cosas como marcas en el tiempo, puntos de exclamación, bailaban en el ojo de mi mente. Sabiendo que hay aquí una transmisión, algo maravilloso, verdadero que provoca un estado de asombro, da un gran consuelo en estos tiempos de cambio. Mientras que la gran rueda del tiempo gira, el conocimiento de las plantas sagradas se vuelve aún más importante. La ceremonia es la llave.

Una y otra vez, Doña Julieta me decía que solo aprendes viviendo con el maestro. Haciendo esto, el aprendiz aprende a servir primero. Viendo sus manos delicadas hacer el trabajo duro aún pensando en esto me hace querer tomarlas. Ella me decía con una mirada amorosa y tomando mis manos, "Manos frescas y curativas".

En los primeros días en que estaba con ella me topaba aprendiendo español en el camino. Burlándose mucho de mí era para mí un verdadero impulso recordar el vocabulario y la pronunciación. Una vez que el tropezón terminaba el lenguaje fluía, me daba cuenta de otro aspecto de la responsabilidad que me habían dado, fui llamada a traducir muchas veces.

La buena traducción es un arte y requiere dominio sobre las palabras y su contexto para poder transmitir correctamente las enseñanzas. Poca gente considera al traductor cuando escuchan a las enseñanzas. Ignorado, pasado por alto, siempre teniendo un lugar más bajo, en realidad el traductor es el maestro.

El estudio del lenguaje toma mucho tiempo integrar con la memoria el vocabulario técnico y los diferentes tópicos, así como la medicina tradicional nativa es amplia. Instantáneamente aplicando esto en traducción simultánea requiere un cierto tipo de lo que puede parecerse a la canalización. Es parecido a el enlace de la mente con el maestro. Tu integridad se queda con tu clara entrega. En un momento.

Doña Julieta me entregaba las enseñanzas y predecía que yo enseñaría. Regresando al norte de California, funde el Instituto Tradicional de Medicina Nativa, Kalpulli Tonantzin, y el programa de aprendizaje. Todos de mis estudiantes son mujeres.

En este tiempo reflexioné sobre algunos de mis ancianos indígenas con los cuales tuve el privilegio de estar. Algunos de ellos me dijeron que estaban tristes porque no tenían a nadie a quién pasar sus enseñanzas. Algunos me decían que sus hijos no estaban interesados en aprender. He atestiguado esto.

Algunos de mis viejos maestros de medicina han muerto, ahora teniendo el linaje femenino de los hongos sagrados pienso lo mismo. Preguntándome donde están los verdaderos estudiantes. Cuando uno envejece uno reconoce lo preciado del tiempo. No hay camino rápido en el aprendizaje de la medicina nativa. Todo toma su tiempo.

El bulto sagrado que yo cargo es precioso. El conocimiento ha sido transmitido oralmente. Mis estudios han incluido también libros raros. Recordando las muchas veces que visité a Tlakaelel, haciéndole preguntas sobre lo oculto frecuentemente me remitía a su biblioteca. Cerrada con llave, siempre me dio acceso a su tesoro de libros. Para mi su biblioteca era terreno sagrado. Ha cambiado dimensiones y lo extraño mucho.

Mis propios ojos están atestiguando un cambio masivo en la gente joven con gran distracción usando aparatos electrónicos manuales. Ahora muchas enfermedades están apareciendo debido a las distorsiones y radiaciones electromagnéticas producidas por estas cosas. Con información instantánea hay la creencia que todo lo que lees en internet es verdad. O que tu puedes aprender cualquier cosa en internet.

Algunos tipos de música molesta y entumece la mente con ritmos fuertes y explosivos, los compositores hacen lo mejor para mantenerte entumecido. Todo tipo de cosas disponibles para echarte a perder. El supermercado se ha amplificado. Las disfunciones del cerebro son incontrolables. La conciencia esta estrangulada por fuerzas controladoras.

Ha llegado otra parte de nuestra gran tribu, los jóvenes abiertos, con buenos corazones y mentes inquisitivas, buscando como todos hemos hecho. Para todos ustedes que no han perdido el camino de la belleza, cuyos seres han sido tocados por el Gran Misterio y para todos ustedes que quieren saber la esencia de la sabiduría, mantengo mi visión, y escribo esto para ustedes, donde quiera que esten. Sabiendo que ustedes son parte de este gran tejido cósmico.

El Todo Poderoso dirije todo, y se dice que aquellos que mantienen las costumbres y las ceremonias van hacer mas valiosos conforme el deterioro del mundo externo continue. Es la amabilidad de los antiguos que continua moviéndome hacia adelante. Caminando sobre sus huellas. Es el llamado de la Madre Tierra de responder con nuestras actividades para protegerla. ¡Ocupate! El tiempo es esencial.

Las mujeres iniciadas tienen un fuego mental y espiritual. En la Sierra Mazateca las sabias son llamadas Aguilas Guerreras. Hay un llamado a través del tiempo para que otras mujeres busquen estas experiencias iniciatorias y definan la forma de vida. En México los ancestros nos dejaron Flores y Cantos. El significado es profundo.

Todos mis maestros me dejaron un rastro de migajas de pan para seguirlo. Me mostraron el camino muchas veces sutilmente para ver si yo podia levantar sus señales. Como un buen estudiante seguí y practiqué los métodos. El esfuerzo obligatorio eran inumerables peregrinaciones a los lugares antiguos de poder así como a muchos sitios arqeológicos con pirámides donde se hacian ceremonias. Mucho tiempo y esfuerzo se realizó para llegar ahi cuando el viaje era pesado.

Fuimos entrenadas en nuestra educación para hacer preguntas. Con los maestros mayores, esto no es algo bueno que debes hacer. A traves de ellos aprendes otro lenguaje. Parar de hablar, comenzar a escuchar y comenzar a observar. O mejor dicho por uno de mis apreciados maestros, "¡Cállate!". Sin quejarse del tono de voz de los maestros.

Todos queremos las cosas de una manera fácil. Estamos muy hechados a perder. Aprender el camino de la medicina es duro. El entrenamiento te moldea para hacerte fuerte y te llena con amor y compasión. Dentro como crema batida y fuera como acero templado. A traves de las flamas del tiempo y más tiempo, tienes que aprender a sacrificarte para obtener las enseñanzas. Esto significa que debes darlo todo. No puedes retener nada. Privación física, tiempo, dinero, ofertas, y servicio para lo esencial. Tu haces lo que puedes. ¡Si realmente quieres las ensenañzas tienes que ir por ellas!

Los verdaderos maestros son no convencionales. Las espectativas son inútiles. Muchos buscadores brincan sobre cualquiera con un disfraz exótico. Sobre esto, siempre recuerdo una afirmación maravillosa de un gran maestro Tibetano describiendo a este tipo de farsantes, el decia, "Como mierda de perro envuelta en brocado."

Vivir en la realidad indigena es mucho mas dificil de lo que uno imagina. Tambien hay mucha belleza. Es por estos tremendos retos que estas gentes de medicina son tan especiales. Como diamantes en la playa. Ahora el movimiento planetario de las formas de medicina nos estan llamando hacia nuestro florecimiento en tiempos de aguas turbulentas.

Un día Doña Julieta me estaba observando escribiendo. Ella dijo, "¡Debes escribir libros, tu eres una artista, tu debes hacer cine!" Me estaba empujando hacia mi destino.

En su casa estaba colgado un retrato en blanco y negro de Ché Guevara. Doña Julieta como mucha gente en América Latina lo amaba y lo honraba. Mientras me preparaba para dejar la casa ella soltó su famoso dicho que siempre decía cuando partíamos, "¡Hasta la victoria siempre!" Me dio un gran abrazo. Y entonces me miró profundamente con sus ojos obscuros brillando como una águila sabía y con sus ultimas palabras dijo, "¡Ve con los mayas! Los meros meros (significando chamanes) todavía están ahí!" Fue un mandato. Fui enviada en una búsqueda.

Querido lector, para que encuentres que sucedió, continua leyendo el proximo libro Las Cronicas Mayas.

"Los descubridores de tesoros de todo tipo apareceran continuamente,
y los tesoros de doctrinas brotarán como esporas de los hongos.
Ninguno de ellos faltarán de rendir fruto;
Serán recordatorios de mí, Orgyen". (Padmasambhava)

Una profecía de los tesoros de Trime Kunga
<u>The Nyingma School of Tibetan Buddhism</u>
(La Escuela Nyingma de Budismo Tibetano)
por Dudjom Rinpoche

BIOGRAFIA

Camila Martínez es curandera, yogini, cineaste, autora, poeta, guerrera ecologista, traductora y Lama tibetana budista. Estudió bajo la tutela de Doña Julieta en la sierra mazateca durante 20 años. Fundó el Instituto de Medicina Tradicional Nativa en California del Norte. Primer mujer occidental que se recibió en Medicina ayurvédica y tibetana en 1981. Estudió bajo la Doctora Lobsang Dolma, y eminentes doctores de Ayurveda en Benaras Hindu University, India. Fundadora del 1er negocio ecoturista en México. Fundadora y Directora del proyecto Maya eco-alfabetismo en Yucatán, Mexico 2001. Fundadora y Directora del Proyecto Maya Arca de Semillas en America Central. 15 años en asesoramiento ambiental y sustentable con grupos indigenas. Honrada por los Bioneers en el año de 2010 por el Proyecto Maya Arca de Semillas. Productora de Alarma! No a los Transgénicos, y Las Enseñanzas de las Madres de las Semillas, peliculas educando a las comunidades indígenas acerca de los peligros con los organismos genéticamente modificados y de la importancia de crear bancos de semillas criollas de emergencia. Continuo como ponente internacional, consultora y maestra de yoga.

www.ingramcontent.com/pod-product-compliance
Lightning Source LLC
Chambersburg PA
CBHW042056290426
44112CB00001B/4